イスラームの精神世界

生きがいと癒し

水谷周　著

国書刊行会

「この偉大な巡礼の霊的世界は今この地点（訳注：巡礼中、最長にして最高の祈りを上げるアラファの丘）で集結し、またこの瞬間に毎年集結するのだ。そしてその時、この世の虚飾を離れ地上で御教えが実現するように、また正義と平和が実現するように、アッラーに祈念するのだ。」

ムンマド・フセイン・ハイカル（一八八八―一九五六）のマッカ巡礼記[1]
『啓示の降りた場所で』より

【註】

（1）Muhammad Husayn Haykal, *Fi Manzil al-Wahy*, al-Qahira, Dar al-Maarif, 1936. 九六頁。同書は当時のエジプトの思潮を、欧米傾斜からアラブ・イスラームに方向転換させる端緒を切った名著として知られる。なおハイカルはアラビア語による初の小説家でもあった。その息子は、ナセル元大統領にも近かったジャーナリストのムハンマド・ハサネイン・ハイカル。同氏は二〇一一年以来の「アラブの春」を「前例を見ない出来事」と評したが、その表現は広く引用された。

はじめに

本書はイスラームの信仰世界を、平易に、そしてある程度詳細に紹介しようとするものである。対象は、信者か非信者かは問わない。

イスラームの真髄は人生であれ宇宙であれ、全存在の運行の不可思議さをすっぽりまとめて一つのシステムとして理解し、その全体を見ることにある。それがすべてだという意味で、極めて簡単明瞭である。事実、イスラームの美しさはその単純さにある、という言葉もムスリム学識者から聞かれる。それはすべてを覆い尽くし、それから逃れる存在はない。

アッラーは偉大であるとか。それは永遠であるといった表現も、すべて以上のような成立ちの中で意味が了解されることとなる。同時にそれはあらゆる事象や存在を、アッラーの差配の下にあるとして見ることにもなる。それに対して人は従順であるべきだと説かれ、それを称してアッラーに帰依するという表現を当てることとなる。

以上のシステム全体を事実であり真理として念頭にしっかり置くことができれば、生活の一部に不満があっても忍耐強くなるし、悲しみにくれることも軽減され、些細な事柄で一喜一憂するのはあまり根拠がないということになる。また嫌なことが本当は好ましく、良いと思ったことが本当はまずいのかもしれないという、「人生万事塞翁《さいおう》が馬」のような人生の妙味も理解できることとなる。

ところでイスラームでは常に、言葉と行動の両側面が重視される。学問と実践と言ってもよいだろう。あるいは精神面と活動面ともいえる。本書はタイトルにあるように、イスラームの精神面の世界を探訪することを目的としている。

第一部では、その探訪の出発点となる、信仰そのものの内実を確かめておきたい。第二部では、我が国でもしきりに取り上げられる生きがいや安心感の問題、あるいは幸福や愛情といった諸側面を取り上げる。中でも一番根幹になるのは、信仰そのものの土台でもある「心の静穏」といわれるものであるが、その事情や理解の仕方については本文で詳しく述べている。

このような精神世界の探求と描写は、いわゆるイスラーム法学や神学と関係していることは当然だが、なおそれ独自の分野を形成しているといわねばならない。法学ではアッラーの教えに従った礼拝時の舌の動かし方から戦闘の仕方まで、あるいは礼拝、喜捨、断食、巡礼といった諸儀礼の方途が論じられる。神学では、アッラー、天使や悪魔など、諸預言者、諸啓典、最後の審判、そして天命の六つの信仰箇条を中心に議論される。こういう法学や神学とは別立てではあるが、イスラーム独自の精神世界を紹介するのは欧米人の手によるものも僅少だが、日本では今までほとんど試みられなかったことである。

本書には実はもう一つ、日本とは異なる新たな人生観を提示したいという背景がある。我が国では人生論が盛んで、人生を一つの道のイメージで捉えることもしばしばである。東山魁夷画伯の有名な絵に「道」と題されるのがある。キャンバスの中央にひたすら奥へ導く一本道が描かれている。

この点、イスラームでは事情は似て非なることを、本書で随時示していきたい。まず人生論を語ること自体多くない。その理由は、人としての最終的な行動規範であり指導理念は、儀礼や信仰箇条に至誠を尽くすことに尽きているからだ。

またそれはひたすらに進む一本道のイメージである点は共通だが、イスラームの毎日は基本的に一駒ずつの繰り返しである。その感覚は、日めくりカレンダーのように、夜な夜な続けられる千夜一夜物語でおなじみかもしれない。この指摘をさらに拡張すれば、人の生活は進歩を目指して前進するという、競争関係を基礎とする近代欧米式の進化論的世界観とは一線を画すともいえる。それをさらに言えば、東山魁夷画伯の「道」が、上昇志向の縦ではなく穏やかな横の線の図柄になるのである。

以上が、本書の目的と課題である。今一度まとめると、イスラームの世界では、結局のところ全存在の真理に誠実であること、つまり篤信であることによってこそ、不動の信念と覚悟が得られ、人としての正しい道のりを歩むということになる。不安や動揺がない分、そこに幸せもあれば、心の安寧も見出せるのである。この全体を言い換えると、イスラームはアッラーが喜ばれることを目指す教えであるということにもなる。本書を前にして、以上のような海図を描いていただければ、まずは船出の準備が整ったということになるだろう。

世界人口の四分の一を占める人たちの信条となっているのが、現在のイスラームである。クルアーンなどの引用と著者の綴り方によって、その精神面の概要が描写できれば幸いである。なお「人間は、せっかちに創られました。」[2]（預言者章二一：三七）とあるが、宗教を語る書物を急いで読むことは普通ないだろう。本書の随所に入れた「コラム」欄を止まり木のように使い、時々は休みを入れながら読み進めていただければと願う。そうすることは、イスラームのユッタリズムでもある。

著者

【註】

（2）本書で使用したのは、『クルアーン―やさしい和訳』水谷周監訳著、杉本恭一郎訳補完、国書刊行会、二〇二四年、第八版。但し短い引用のため、意味が取りにくいなどの場合、所要の調整をしてある。

目次

第一部　信仰の探求

イスラームを信奉するムスリムにもいろいろの人がいる。また特定のムスリムを見ても、その日の調子というものがあり、篤信の気持ちが高まる時もあれば、それがあまり昂揚しない時もある。だが万物存在の鉄則は変わりないと思い、ともかく日々の礼拝は欠かさない。そして節度と悔いることを重んじ、心の安寧を求め、また慈愛の心を大切にしたいと考える。その姿からは和やかさが満ち溢れ、生きることに感謝すべきことを近くで見る人に自然と示している。

イスラームのもたらす精神世界は、およそこのような情景である。それはアッラーという宇宙の哲理であり基軸に対する意識を中心に回っているといえる。そして信仰の日々を過ごす中で、その人の内面、外面や全体的な人柄が注目されるが、それら三方面の出発点であり起点となるのが、他でもない信仰心である。

そこでまず本章では改めて信仰とはどういうものであり、どうすることなのかについて見直し、整理し、再確認したい。

また信仰は人が生きるということと、本質的にどう関わっているのかについても考えておきたい。

第一章　信仰の定義と広がり

初めに信仰というものを考えるのに、意表を突いた良い逸話を一つ上げてみたい。

偉大なイスラーム学者でファフル・アルディーン・アルラーズィー（一一五〇—一二一〇、アフガニスタンのヘラート在住）という人がいた。彼がある日、街の狭い通りを多くの弟子に囲まれて歩いていた時のこと、一人の老婆が反対方向からやって来た。そこでその老婆は、この人は誰ですか、と尋ねた。弟子たちはその老婆に、「このお方は他の誰でもない、一〇〇〇と一のアッラー存在の証しを知っておられるアルラーズィー様だ。道を開けなさい。」と言った。そうするとその老婆は、「一〇〇〇と一の疑いを持っていなければ、一〇〇〇と一の証しは必要ないはずだ。」と言って返した。それを弟子から伝えられて聞いたアルラーズィーは、頷いて言った。「アッラーよ、真の信仰とは、この老婆の信仰です。」と。(3)

心から雑念を払って信じるところに、信仰の真髄があるといえるのかもしれない。その意味では多くを語る必要がないともいえる。「イワシの頭も信心から」と言うように、普通は匂いで人の嫌がるものでも信心の対象になりうるとして、我が国では昔からただひたすら信じることに十分の価値を見出してきた。ところが同時にいろいろ思索を重ねる営みも人に与えられている能力である。またそうすることで一層信心が確かなものになることもある。それと迷いという悪魔に対しては、自らを「一〇〇〇と一の証し」で身を固めて立ち向かわなければならないかもしれない。

(一) 信仰の定義

そこでまずは宗教であり信仰の定義をしてみようということである。ところがこれは多くの人たちが試みてはいるが、テーマは緩やかな無定形な内容であり単純に行かない。これからの方向性を定めるためにまず著者自身の言葉で手短にまとめておくと、それは生存に内在する悩みや不可解さを前にして、霊的に一段越えた高みに立たせてくれる心身上の営みである。

イスラームでの公式の説明を紹介する前に、まず世界的に著名な宗教学者であった鈴木大拙(一八七〇—一九六六)の見解を見ておくこととしたい。一般論的な視点からのアプローチであり、主題へのちょうど良い導入口となると思われる。

ア．鈴木大拙の見解

人はなぜ宗教を必要とするのか、その意味で信仰とは何かについて彼は次のように述べている。以下では原文を読みやすく理解しやすくするために、著者が現代文に書き改めて記したことをお断りしておく(4)。

「人が生きるということは、悩みに満ちた営みである。言い換えれば、存在すること自体が悩みなのである。その理由は、人は今の自分以外を求める能力がさずけられているからである。それは理想かもしれないし、幻想と呼ばれるものかもしれない。いずれも現実とは異なる姿である。

もっと有名になりたい、豊かになりたい、美しくなりたい、勉学に秀でたいなどなど、人の願望あるいは欲望は尽きない。ところが他方では、それらはその時点では非現実であるから、現実との間に自然と差異があり、それが対立や矛盾ともなる。この矛盾が悩みの原因となる。

そこで人は必然的に悩む存在である。それを称して、人は試練を受けるともいえるし、あるいは人には業《ごう》があるとも言いうる。その試練は他者や周囲の環境との関係であるかもしれないし、あるいは自分自身の活動範囲に限られたものかもしれない。この断えることのない深い悩みは、個別の解決策で対処するのは不可能である。なぜならば、この種の悩みは限りないからである。一つが済めば、次が出てくることとなる。だからそれは人の業なのである。

この本源的な悩みに対する解決策は一つしかない。それは矛盾自体を包摂しつつ、全体を受け入れる理解と信念を確立することにある。それは宗教により異なる表現がなされている。悟りを開く、救済される、あるいは安心立命を得るともいえる。無や空を覚知するともいえる（著者注：止揚するという哲学用語もある。イスラームなら初めも終わりもないアッラーがすべてであることを知り、アッラーに全面依拠し、帰順するということ）。

具象的な説明としては、樹木は静かになろうとするが風やまず、そこで樹木も風も合せ受け入れるといった描写が飲み込みを少しは容易にするかもしれない。こうして人が宗教を必要とする理由は明らかである。誰であれ万人がそれを求める権利と能力が与えられたのである。そのように人は創られているのである。」

鈴木の見解を敷衍すれば、こうも言えよう。信心を得た人の姿は、至らぬ自分を反省し悔悟するものである。だがそれは諦めるといった沈んだ気持ちではなく、新たな活力の誕生なのである。心は晴れて、自分の所在は白日の下で赤裸々に明らかとなっているのである。それ以上でもそれ以下でもない。日々是好日であり、迷いや憂いが霧散して一段の高みに立っているので、生また楽しからんということになる。

イ．イスラームの公式的説明

それでは次に、伝統的なイスラームにおける信仰の説明のしかたをまとめておこう。

①イスラームの六信五行

イスラームにおける信仰（イーマーン）とは、真実であると信じ自らの言動を信心に即したものとすること、と定義される。つまり心と行動、あるいは内と外の両側面が一体として篤信であることが要求されるのである。(5)

それでは、何を真実であると信じるのであろうか。教義上の信仰箇条としては通常イスラーム神学で以下の六か条に纏められる。それはまた日本でも、イスラームを紹介する本には必ず出てくる事項であるので周知となってきているだろう。

第一　アッラー（唯一にして永遠なる存在）

第二　見えない世界の存在（天使、悪魔、魂など）

第三　諸啓典（クルアーンは最後のもの）

第四　諸預言者（アーダムから始まり、ムハンマドは最後の預言者）

第五　最後の日のあること（世界の終末、復活、そして最後の審判がある）

第六　定命のあること（アッラーの深慮と計画）

これが六信と呼ばれるものである。しかし第二から第六までの項目はすべてアッラーの力にかかるので、その意味で第一のアッラーの項目は比べ様もなく大きく、これら諸項目の比重は同等ではない。大切なことはいきなりアッラーを何かとんでもない超能力者として考えると、どうも日本的には飲み込みにくいということである。むしろ同じことを裏返しにして、非常に不可思議な全体そのものが実在することを誰しも感じているとすれば、それを指してアッラーと呼称しているとみなす方が素直に喉を通すことができそうだ。

このような信仰に対する最大の報奨は、最後の審判で選ばれて天国行きが可能となることである。そうでなければ罰として、永劫の地獄への道が待っているのである。そこで人の現世での務めは篤信であることであり、人の生涯全体が試練の場であるということになるのである。だがそれは何も暗い気分のものではなく、沈着冷静ながらも希望と活力に満ちた、真に正しい生活が維持されている状態であり、それは喜びである。また地獄でも悔悟に努めれば、天国に行くことが赦されることもなくはない。

著者が見るところ、このイスラームの明るさと積極性は、人は過ちを犯しても素直に反省すれば赦されるし、そこからまた新たな決意と精進の道が開かれていることに端を発するものである。アーダムとハウワー(イブ)も果実を手にして天国を追われるが、激しく悔悟して最後は赦されて、一緒に巡礼を果たすというのが、イスラームのハッピー・エンディングな物語である。さらにはムスリム同士の親近感や相互扶助の強調なども、短い一生ではあるが生活を充実すべしとの気持ちを支えるものである。自殺は禁止されている。

因みに信仰の行動の面で要求されるのは、心の面と同様に信者の日常生活全般に渉る。その中でも勤行として求められる五行は、これもしばしば紹介されているが、次の通りである。

第一　信仰告白（二名以上の証人を立てて、アッラー以外に神はなく、ムハンマドはその最後の預言者である旨を表明する、入信の際に唱える言葉）

第二　礼拝（日に五回。これは義務的な回数であるが、以下も同様に義務的回数。この他礼拝には祝祭日や葬儀の礼拝、あるいは随意の礼拝などもある）

第三　喜捨（年に一回）

第四　断食（年に一ヶ月間）

第五　巡礼（一生に一回）

これらの帰依の行為に関しては、イスラーム法学中の神事として扱われる。他方法学の他の一翼は人事関係で、統治法、刑法、国際法などの公権力関係法と身分法、相続法、取引法などの非公権力関係法で構成されている。

②倫理・道徳と信仰の広がり

（一）信仰の定義

ここで十分に付け加えなければならないのは、信仰という基盤の上には人の道を示す倫理道徳の世界が開けているということである。慈愛の心を持ち、正直であり、忍耐強くするなど、美徳はいろいろある。また妬み心や不正など悪徳も列挙される。この分野は法学や神学ほどには内容が固定化されておらず、徳目の項目などその実際の内容は、論者により異なるという柔軟性が見られる。

しかしこの倫理道徳の長い伝統は法学も神学をも囲い込むものであり、倫理抜きの法学や神学はありえないのは自明の原理であろう。またそれはイスラーム信仰と不即不離の関係にあることは、法学や神学に全く引けを取らないこともいうまでもない。そのような事情は、意外とイスラーム諸国の児童用の教科書などを見ると歴然としている。多様な逸話や史実を例にとりながら、まず説かれるのはイスラームの善い、悪いの別であり、倫理道徳の世界なのである。

この当たりが日本ではほとんど看過されたままでイスラームが扱われているのは、全体像を見失っているということになる。欧米式のイスラーム学に依拠しているか、あるいは現地留学に恵まれた人たちも、いきなり大学レベルの勉強に取り掛かるからこういう事態を招いていると見られる。東西いずれから入っているにしても、結果としては全く輸入学問の歪みであるというと角が立つかもしれないが、その表現は大きくは的を外していないだろう。イスラームの正しい姿を捉えるという意味では、どうにかしてこの歪みを是正する必要があると思われる(6)。

さて本論に戻ると、以上で見たのが教科書的な信仰の定義であった。ところがこのようにムスリム用に要領よくまとめられたのでは、どうも信仰というものの広さと深さを日本から見て取るのが難しい恐れがあるのだ。信仰は頭だけを使ってそれを理解して、さらには記憶すれば済むという計算式のような話ではない。そこでイスラーム諸国の児童レベルにも戻った気持ちで、以下に見るような周辺的な説明や補強材料が必要になってくる。それは幾世紀にわたり蓄積されてきたイスラームの伝統的な信仰論に加えて、日本から見ての問題提起や考察も含んでいる。但し、いずれにしてもすべて究極の源泉はクルアーンであり、その意味ですべてはアッラーの定めということにもなる点には変わりない。

コラム　信者のあり方

人が信者としてどのような姿勢を取り、どのような心構えでいるべきかは、様々に説明されるが、それをここではクルアーンの引用という範囲に絞って描写する。

絶対主アッラーと常に共にあるという意識が、自然と信者の言動を指揮し指導する。アッラーは人の心のひだにまで入り込まれるという。

アッラーは、人とその心の間に入ることを知りなさい。（戦利品章八：二四）

そのように常に近くあられるアッラーに対する信者の気持ちは、罪や過ちに対する悔悟の念に満ちてくる。そこでクルアーンには人間の過ちに対しては大目に見て欲しいとの祈願の言葉も盛り込まれている。

わたしたちの主よ、わたしたちがもし忘れ、あるいは過ちを犯すことがあっても、責めないでください。わたしたちの主よ、わたしたち以前の人たちに負わせたような重荷を、わたしたちに負わせないでください。わたしたちの主よ、わたしたちの能力が及ばないことを負わせないでください。わたしたちから罪を消し、わたしたちを赦し、わたしたちに慈愛を与えてください。あなたはわたしたちの守護者です。だから不信心な人たちに対し、わたしたちをお助けください。（雌牛章二：二八六）

人は身を低くし、謙遜と謙譲の念にも満ちてくるはずだ。それは絶大な存在を認めていることと同義でもある。

信者たちに、あなたの翼を低くし（謙虚であり）なさい。（アル・ヒジュル章一五：八八）

ここで翼を低くするとは、日本でいうと腰を低くするのに相当する。

他人にあなたの頬を（傲慢に）背けてはならない。また横柄に地上を歩いてはいけません。確かにアッラーは、すべてのうぬぼれた自慢屋を好みません。（ルクマーン章三一：一八）

祈りもこれみよがしに大声でしない。

そしてあなた（ムハンマド）の主を、自分の心の中で畏れ謹み、大声を控え、朝な夕なに唱えなさい。不注意な人たちの仲間となってはいけません。（高壁章七：二〇

五）

アッラーに対して犠牲の肉と血を捧げるとしても、結局それがアッラーに達するわけではないことをしっかり意識する必要がある。

しかしあなた方の敬虔さ（篤信ぶり）が、かれに届くのです。（巡礼章二二：三七）

アッラーをどれだけ身近に捉え、その絶大な権能を知り、畏れ、自らを低くし篤信に徹するか、ここに信者の心の基本があるといえる。

写真１　祈ること

他方、イスラームの初期には、中途半端な信者や口先だけの偽信者が多数いたので、彼らとの信教上の戦いが非常に先鋭化していた。クルアーンでは真の信者はどのようであるかという形で、真の信仰について言及されることが多い。以下にはその典型的な表現を三つ引用しておく。いずれも表現は具象的で読んだり聞いたりする人に分かりやすくなっている。

信者とは、アッラー（の御名）が唱えられるとその心が畏れおののき、かれらに印が読誦されると、信心を深め（そのとき）主に頼りきる人たちです。礼拝の務めを守り、われらが授けたものを施す人たち、かれらこそ真の信者です。かれらにはアッラーの御元で、（高い）位階と赦しと最善の糧があります。（戦利品章八：二～四）

信者たちは、確かに勝利を勝ちとるのです。かれらは、かれらの礼拝において謙虚であり、無駄話を避け、定めの施しを行ない、自分の貞操を守る人たちです。……でも、法を越えて求める人は、掟破りの人たちです。またかれらは、信託と約束に忠実な人たちで、自分たちの礼拝を守る人たちです。これらの人こそ相続者として、楽園（フィルダウス）を継ぐ（住む）人たちです。かれらはそこに、永遠に住むでしょう。（信者たち章二三：一～一一）

信者とは、一途にアッラーとかれの使徒を信じる人たちで、疑いを持つことなく、アッラーの道のために、財産と命とを捧げて奮闘努力する人です。これらの人こそ

(嘘のない) 誠実な人たちです。(部屋章四九：一五)

(二) 信心の発露

イスラームの教えの広さと深さをより豊かに知りたいと思うのは、信者であれ非信者の研究者であれ同様の願いであろう。新たな発見があるかもしれないし、心に響く言葉に巡り会えるかもしれないのだ。またそれは深玄であるという意味では、なかなか到達しにくい高峰の花の面もある。

ところが他方では、ほんの一つの小さな事実や現象に、その深玄さが顕現され、凝縮されているかも知れない。心が熟していれば、いつどこで信心開眼の恵みの稲妻が光っても不思議はないのだ。だがそれは、予め人に知らされているものではない。

以下の諸点の順序については、特定の決まりはない。

ア．信仰とは真理に従うこと

まずクルアーンにある真実や真理とは何か？　それはイスラームだけではなく、およそ宗教であり信仰の原点へ戻ることでもあるが、その要点は次のようにまとめられる。

真実とは宇宙全体の哲理であり、それは不動の真理でもある。では真理とは何か？　それはクルアーンを熟読して、自分でそこに何を見出すかに掛かっている。それはいずれにしても、天地創造に始まり最後の審判に終わる万物存在の根本原理である。すなわち自らの周辺に目にする永劫の営みの一端であるかもしれないし、あるいは逆に現世のいかに一時的であり、それに拘泥することの浅はかさといった側面かもしれない。あるいは存在の根本哲理に即して生きて前進すべきだという人生の目的であり、究極的な価値判断の尺度かもしれない。これらすべてをイスラームでは簡潔に、「アッラーは偉大である」と表現しているのである。このような道案内に従えば、アッラーという呼称から違和感が軽減され、素直な肌感覚で想いを至すことになるのではないだろうか。

それを前提にするが、イスラーム信仰とは全身全霊を挙げてアッラーに依存し帰依する心のあり方であるということである。自分自身に関することはもとより、当人の意識としては、あらゆる事柄を包みつつ、全宇宙的にアッラーに依存しており、アッラー頼みである。その命令には絶対服従する、そしてその後はその慈愛に満ちた最良の処分にすがるのである。言い換えれば、真理に従順であるということでもある。

では、なぜこのようにアッラーに頼り切るのか。それはそうすることに、偉大さ、美しさ、慈しみ、正義など、いわば人にとっての三大価値として挙げられる「真善美」のすべてが包含されている、と心の髄に切り込むように鋭く感じ、納得させられ、そして感動するからである。さらにはそうすることで一番揺るぎない生きがいが感じられ、果ては死後の安全と幸福さえも保証されると感得できるからだ。つまり心の安寧を得て、迷いの誤道より救われるのである。

実際少なからぬイスラーム信者の最重要な関心事は、この世のことではなく、あの世の事柄である。ムスリムたちがよく見せる仕草の一つに、アッラーの恩寵やご加護を両手で受け止めて、それを顔面に擦り込むような動作がある。そのときの彼らの安堵と喜悦に満ちた面持ちを見逃すべきではないだろう。またアッラーの御名を唱え、その恵みを祈念するときに天を見上げる鋭い眼差しは、信者の心底より発して天空に達するばかりのすさまじい念力を、傍で見ている者にしばしば感じさせるのである。

さてそれでは、信仰を持つ前と持った後とで何処がどう違うのだろうか。この答えは人によって様々であり複数出てくるだろう。以前よりも心が広くなった、人に対してより寛容で忍耐強くなった、日頃人目を気にすることが少なくなった、自分としての信念を持てるようになった、生きがいを感じられるようになった，目先の諸事、特に金銭面で目くじらを立てなくなった、などなど様々であろう。そしてそれらのいずれも結構なことである。

しかしこれらだけでは、やはり対人関係や処世術的な感覚を大きくは離れていないと言わねばならない。磨かれた強靭な信仰はこれらの新たな心境を更に更に広く、深いところへ連れて行ってくれるものである。それは永劫というものに結びついているし、無限の大きさと形容しがたい荘厳さにも輝いている。日々拘泥させられていた目先の事柄からは脱皮して、新たな視野と展望を与えてくれる。従来の価値観の昇華であり、別次元の心の構成を達成し、人生を達観するとも言える。次の節で出てくる表現を先取りすれば、「心の嗜好を高める」ということでもある。

イ．信仰の功徳

最近のテレビ討論において、日本人科学者が次のようなことを述べていた。

幸せとは食欲、性欲、名誉欲の充足感、そして不安感の軽減にある。不安感（特に死のそれ）の軽減は、従来は宗教の役割であったが、現在はそれを医療が担っている。生命科学の発展は、生命の一体感（ＤＮＡ）と個性重視をもたらしている。しかし心や魂などは結局不可知なものとして残るだろう、科学が万能であるとの信念は、科学が進歩するほど薄れつつある、と。(7)

イスラームでは篤信の最大の功徳は、天国へ行けるという一点に集約されている。さらに日常的には次のような効用があるとされる。太陽が光を放ちバラが香りを蒔くように、篤信が心に満たされその様が傍目にも分かるようになる。アッラーと預言者ムハンマド（アッラーの祝福と平安あれ）に対する愛情は強まり、それはその人の言動すべてに溢れ出てくることとなる。そうして信心により心は純化され清浄となり、行動も善く正しくなる。またその心は不要な圧迫を逃れ、勇気を得て、吝嗇《りんしょく》や恥辱から遠ざかることとなる。また物的な縛りから開放され、穏やかさと和やかさを具現することにもなる。こうなればアッラーのご加護は、この世とあの世の両世界で確かなものになるのである、と。

以上は誠に結構な姿ではある。しかしこれを冷静に考えれば、そのほとんどは主要な宗教に共通であることにも気づかせられる。そして右の姿の中でも、イスラーム信仰の特徴が「安寧、和やかさ（トゥムアニーナ）」にあると、著者は位置付けるのである。

イスラーム諸国で最も心にしみる光景は、マスジド（マスジドはモスクのアラビア語であるが、本書では一貫してクルアーンにあるこのアラビア語の用語を使用する）の一隅で一人静かにクルアーンを読んでいる信者の姿である。それは現地では珍しいものでも何でもないが、一人の生きた魂がアッラーにかしずいている瞬間である。それは激しさや強引さとは全く逆の、たおやかな感謝と慈しみの気持ちである。一〇〇の学説や一〇〇〇巻の書物ではなく、万物の主であるアッラーを思い、自分が生かして頂ける有り難さと、またそれを自らの周辺にも

願うという、ただ一つ思いに満たされている。(8)

アッラーを意識した功徳とも言うべき効果は、幼い子供の姿を見ると明らかになることがしばしばである。卑近な例で恐縮だが、著者は小学生高学年や中学生の児童や生徒を対象としたイスラーム教室を開いていたが、多くの参加者は目線がしっかりしていたのである。そのしっかりしている風は、一様に親に頼るよりは絶対者に頼って絶対者に支えられているという、一種の軸足の転換が済んでいるという印象である。周囲との協調を主な教育上の指導理念とするのが日本の標準的なあり方とすれば、それとはかなり別世界なのである。

絶対者にいつでもどこでも見られており、自分がすべきことをしなければならず、自分こそが自分の担当者であり責任者であるという感覚が強いとも言えるだろう。サッカーで言えば、相手方のゴールに近くなりいよいよシュートかという瞬間になると、どうぞとばかり周りの自チーム選手にたらい回しのパスをするように見受けられるプレイとは異なっている。何とか自分でゴールまで持ち込んで一点をもぎ取ろうとする姿勢と意欲を持ち合わせているとも表現できるだろう。

人生論をも含めた形で、前世紀エジプトの碩学、アフマド・アミーン（一八八六―一九五四）は次のような趣旨の説き方をしている。(9)

人は真善美の三価値を求める。そのため科学、道徳、芸術がある。それをすべて含みつつ、それを超えさせるものは宗教信仰である。絶対的な真善美であり、包括的な実在、真実、真理が宗教の教えに他ならない。それにより心の嗜好を高め、崇高な感覚で最高の力に達することが人生の目的である。つまり信心を得ることによってこそ、人生そのものの意義が把握され、絶対であり永遠の生きがいが与えられる。

ウ．アッラーの実在

アッラーの存在はイスラームの大前提である以上、それを問うことはムスリムには自己矛盾であり全く考えられない。しかし逆に、大半の日本人には自然なところであろう。ここでは読者諸氏が非ムスリムであっても首肯できるような回答を準備するのが、本書の課題である。

まず信仰によって現実の生活実感が、ガラっと変わることはしばしば観察されるところである。このように現実の違いが生じるということは、すなわち神の実在の証であるということになる。

流麗な音楽を聴き、洗練された美術品を鑑賞した後の爽快感と充実感は、誰しも大なり小なり経験があるだろう。その後しばらくは耳にする音、目にするさまざまな事物までが一段と磨かれたように感じられる。では、美というものが実在するのかなどと問うてみる人もいないのはどうしてなのか。それはその具体的な効果を身をもって知っている以上、そんな愚問は生じてこないからに他ならない。

同じことではあるが、反対の方向から見ての表現も可能である。それは例えば、ある物が円形であるという代わりに、その周囲のものに円の形の空間が空いているというのに等しい。周囲がなければこの円形も存在しないのである。

そこでそれを応用すると、目にする事物を取り巻く全体の不思議をアッラーと認めてしまうということである。これは宇宙大の規模を考えることもできるし、逆に極小な細胞や原子の構造を考えたとしても、何ら変わりがないことはほとんど自明であるかと考える。

ここでまた僭越ながら、著者自身のアッラー覚知のプロセスを日本人の一例として記しておきたい[10]。

生まれは京都の寺院（九歳で得度）で、当時より仏教の衰退が心の痛みとなっていた。それは参詣する人たちの様子や衰えゆく諸行事を通じて感じさせられた。感受性が鋭い時代だったのだろう。宗教関係の本は寺の中に、身近く山のようにあった。大川周明のイスラーム関係のものもあった。

やがて信仰は親切であれ愛であれ、より高くて広い次元の世界を人の心に開いてくれるものだと感じるようになっていた。殺生をしてはいけないというのも理解できると思っていた。その背景として、早熟、もしくは誤解まじりであったかもしれないが、無と有のある無ではなくて、そもそも初めから何もないという仏教の「絶対無」というものが了解できたと思われたことがあった。

それはある日、禅の僧侶の書籍を前に「絶対無」を捉えようとして観想していたとき、突然黒い宇宙の広がりとして頭の中に閃いて捕捉出来たと思われた。あるいはその後の経過を回顧するに、その黒い広がりにこちらが捕捉されて、それがそのまま居座った感じであった。白い雲という有を除いた後に残る無ではなく、もともとある真っ黒な広がりこそが絶対の無なのだと瞬時に納得された。それと同時にその閃いたものに一人頷いて、「これだ、これだ」とばかりに感じ入っていたことを今でも覚えている。

そうこうしているうちに、イスラームが盛んな理由を知りたいという思いが募った。中東ではムスリムの家庭に下宿し手ほどきを受けた。アラビア語の語学学校にも通ったが、礼拝の指導者（イマーム）を父親に持つ先生から個人教授をしてもらったのがよかった。クルアーンの読み方も教えられた。しかしその当時はまだイスラームを学習している気持ちであり、自分の信条になるとは予想していなかった。

（二）信心の発露

当時読んだ本で感銘を受けたのは、鈴木大拙の『日本的霊性』であった。父親が第一刷の出版直後に急ぎ日本から送ってくれたものだった。それにより浄土教も禅宗も表面的な違いは別として、同一の日本の宗教性の発露であるとの見方に驚愕し感動したのだ。つまりそこに人としての同じ信仰心が躍動していることが見て取れると思ったのであった。(11)

そのような信仰心理解の広まりが、イスラームを見る目にも影響し始めたのであろう。なにかイスラームが自分のものとして感じ始められたのである。同時に多くの礼拝所を訪れ、あるいは多くの人と話をするうちに、ますますイスラームが親しいものとなっていた。彼らの悠揚迫らぬ生活ぶりや、あくせくしないでいつまでも礼拝をひとり続けている人の姿を見かけることもしばしばあった。それは心深く食い入る風景であった。

この間、自分としては仏教の無の理解はそのままアッラーのそれへと移行したように感じた。つまりアッラーは断然存在を主張するのであって、「絶対無」に対置される「絶対有」と言えるだろうなどと定義した。そしてその実在に疑念はなかった。つまりこれでイスラームの主要な第一関門は通過したことになる。そして後は自然と絡んだ糸が解けるように、断食や喜捨などのイスラームの諸教義が自分にとって納得できるものとなっていった。

アッラーの実在に目覚める契機は、いつでもどこにでも散在し横溢しているのである。後は、それを直ちに感知することとなるほどに、その人の心が熟し、その準備が出来上がっているかどうかが問われるということである。(12)

エ．イスラームの実践感覚

①勤行は喜び

信者としていろいろある活動の一つに、随時仲間で輪を組んで座り、クルアーンの一節やそのほか祈願（ドゥアー）の文言を一緒に唱える「ハルカ」（輪の意味）といわれるものがある。その際の唱和の模様は、文字通り日本のご詠歌唱和に似た雰囲気である。

仲間の心の間からは一切の障壁は消え失せ一体となり、唱和終了後は互いに抱擁し接吻する。職業や肌の色の違いは意識下に霧散し、ここに人の平等感が一座を満たし、アッラーの庇護の下にある喜びを互いに分かち合っているその歓喜は、一つのほとばしりとなって周囲に発散するのである。

アッラーに帰依し種々の規範に則ろうとしている人には、そうではない入信前の状態にあったときの自分とは、はっきり一線を画しうる様々な兆候を見出すことになる。またその度ごとに有り難みを感じ、改めて信心が強い鋼のようになっていくものでもある。

そのような勤行により霊的な意味合いを汲み取る例として、喜捨を挙げてみよう。

それは五行の中でも唯一、他者への行為である。そしてそれはアッラーの恵みをありがたく貧者に分かち与える行為として位置づけられるので、従来の日常的、即物的な価値観は神支配の宇宙的存在観のなかで昇華されているのである。そしてこのようなとき、信者は絶対の確信と永劫の実感も伴い、霊的な歓喜を覚えている。日常感覚を越えさせてくれる勤行であり、信仰の真髄とはおよそこのようなものと言えるだろう。

喜捨と同様な意味合いを断食についても見出すことができる。貧者への思いを信者全員と分かちあうことから始まり、結局それはアッラーへの忠実さの実践であることに気づくのである。

なおムスリム社会の実態を見ていると、多くの共同体や諸国の一定の貧しさが共通項として逆に幸いしているのではないかと見受けられる。イスラームでは禁欲も重要な徳目の一つに挙げられるが、信心の働きは清貧な生活のなかでこそ目前の物欲をよく脱却しつつ、より鋭い触覚を霊界にうごめかすようである。ひとかけらのパンも、貧しさの中でその価値が全幅に感じられて、評価されるということである。

このような信仰と勤行における世俗欲を超越する効果を、人は短期的と長期的な時間の幅で確かめることが出来る。短期的とは日々の礼拝である。長期的とは一生の課題である巡礼を果たすことである。それらはいずれもアッラーと直に対峙する絶好の機会なのである。もちろんそれらに限られるわけではないが、その両者が典型的な機会となっているのである。

②巡礼と情熱

信仰心の働きが熱き溶岩のように滔々《とうとう》と流れており、それも視野に入れて初めて信心の全体像を得ることができる。ところが、この溶岩はムスリムにとってはいわずもがなであり当然の底流だから、改めて論じるまでもないのであろう。宗教的情熱と言えばそれまでだが、このエネルギー自体も今日の日本社会から見て、汲み取ることは容易ではないものと思われる。

江戸時代の日本では、お伊勢さん参りに出かけるときにはほとんど財布は空だったのが、帰郷する時にはそれなりの蓄えが懐に貯まっていたというような逸話は、本当のことであったようだ。このような日本の事例を念頭におけば、イスラームの民衆レベルの信心深さを想像するのは難しくないかもしれない。

毎年の巡礼に三〇〇万人以上の信者が世界中から参集し、ほぼ全員が白装束に身を固めて一斉に礼拝する。この感動は、数多くの巡礼者によって記され語られてきている。そして彼らの分け隔てのない関係はひとえに熱くも純な信心に支えられているので、この感動がイスラームの雪崩のような底力を生み出しているといえよう。

日本的な言葉だと、歓喜をもって法悦に浸るとでもいうのであろう。これは当然俗的な感動をはるかに超えて、永遠をも実感できる巡礼ならではのことであり、また信仰ならではの心境である。

巡礼は義務的な勤行であり、それは「苦行である」とされている。しかし巡礼は昔から思慕の対象であり、一生を通じた悲願となってきた。なかでもその中核は巡礼を通じて体験できる感動であり、すがすがしさであり、他にはない達成感が混在している。ちなみに本書の冒頭に記されたムハンマド・フサイン・ハイカルの引用された言葉は、この巡礼の感動を十分伝えている。

「ムタダイイン（信仰篤き人）」というアラビア語は、信仰一途である人たちを指す言葉としてしばしば用いられる。日本語でいうと、江戸時代以来記録されてきた念仏一筋の「妙好人」と呼ばれる人たちを想起させる。このカテゴリーに属する信者たちの念力は、卓越して躍動しているのである。

信仰心の基盤をなしているこの情熱や念力も、従来のイスラーム関連諸学では扱われなかった分野である。日本の場合、これを把握することもイスラーム理解の正当な課題として取り込まなければ、諺にいう「仏作って魂入れず」となる恐れがある。信仰の情熱を抜きにして学んでも、どうも隔靴掻痒《かっかそうよう》の感ありという結果に終わってしまうのだ。

ムスリムの数は世界人口の二割強である。しかしその急増と他宗教の減少傾向を合わせれば、遠からずキリスト教人口（現在三割弱）も凌いで世界最大の宗教勢力に成長する勢いである。このエネルギーの源は、明らかに神学や法学の学説や冷徹な哲学論争ではなく、一人一人の信者の持つ信心の情熱であり、大衆パワーに他ならないことを直視せざるを得ないのではないだろうか。

コラム　アッラーの描写

アッラーを描写した一番長いクルアーンの文言は、玉座の節と呼ばれている。

アッラーこそはかれの他に神はなく、かれは永生にして（全存在を）扶養する方です。眠気も睡眠もかれをとらえることはありません。諸天にあるものや、地にあるものは（すべて）かれのものです。かれの許しなく、誰がかれの御元で執り成すことができるでしょうか。かれは、かれら（人びと）のこれからとこれまでをご存知なのです。そしてかれの御心にかなったこと以外、かれの知識からかれらが得ることは何もありません。かれの玉座は諸天と地に果てしなく広がり、またそれら（天と地）を護持することで、かれが疲れることはありません。かれは至高なお方、偉大なお

方なのです。（雌牛章二：二五五）

またアッラーは、光であるとしたクルアーンの句もよく礼拝所のドームなどに書かれている。ドームの隙間から日が差してくる構造になっていて、ドーム内で寝転がってそれを眺めるという風情は中東の礼拝所ではしばしばお目にかかる。もちろんアッラーとなればそれはただならぬ光であり、速度や燃料に制約されない格別の光ということである。

写真２　礼拝

アッラーは、諸天と地の光です。…油は火がほとんど触れないのに光を放ちます。光の上に光を添えます。アッラーは望みの人を、かれの光に導きます。（御光章二四：三五）

あるいは御姿を見たいと申し出たムーサーに堅固な山を見よ、と言われた。

主よ、御姿を現してください。そしてわたしにあなたを拝顔させてください。かれは言いました。あなたは決してわたしを見ることはできない。だがあの山を見なさい。もしそれがその場所にしっかりあれば、あなたはそこにわたしを見るでしょう。（高壁章七：一四三）

天国ではアッラーの尊顔を拝するとの間接的な文言も別の箇所に出てくる（一〇：二六、七五：二二、二三、八三：一五）が、現世でアッラーを見ることに関しては、クルアーン中には以上の二ケ所の言及があるだけである。ただしその場合の見る、という動作は通常のものではなく、いわばその現象に圧倒されることで終始するようだ。ムーサーはついに気絶したと同節は結んでいる。また来世に見るという尊顔の様子を尋ねられた預言者ムハンマドは、次のように応答したと、『二真正伝承集』に記されている。

「人々は預言者に対して、復活の日にわれわれは主を見ることが出来るのでしょうか、との問いに対して答えられた。「満月の夜、月を見るのは困難ですか。」それに対して人々が、いいえ、と答えると、彼はさらに、「雲がかかっていない時、太陽を見るのは難しいですか。」と言われた。彼らが、いいえ、と答えると次のようにお話になった。「丁度それと同じように、あなたたちは主を拝することが出来るのです。」と。[13]」

【註】

（3）ダマスカスの歴史を著して知られたイブン・アサーキル（一一七六年没）の著『名士列伝』や、タキー・アルディーン・アルスブキー（一三五五年没）の『シャーフィイー学派名士列伝』が出典。但し日本の「桃太郎」の昔話のように広く流布していて、それらしく場所はニーシャープールとするなど、詳細が異なる筋書きも見られる。

（4）鈴木大拙『宗教の根本疑点について』大東出版社，二〇一〇年新装第一版、七九―九三頁。

（5）以下の信仰論のまとめは、al-Sayyid Sabiq, *al-Aqaid al-Islamiyya,* Beirut:, Dar-al-Fikr, 1978. など参照。

（6）イスラームはなかんずく信仰体系にほかならないということを前面に出して訴えたのが、著者水谷が総編集をした「イスラーム信仰叢書」国書刊行会、二〇一〇年―二〇一二年、全一〇巻、である。また拙著『イスラーム信仰概論』明石書店、二〇一六年、『イスラームの善と悪』平凡社新書、二〇一二年、など参照。

（7）拙著『宗教と科学のせめぎ合い―信と知の再構築』国書刊行会、二〇二三年。両者は固有の別な世界を扱っているので、安易な対話を目指すのではなく、「信」の一層の言語化、そして「知」の心の内面を扱うという領域拡大が、それぞれの再構築となるとの展望を提示した。熟慮と熟読を必要とする分野である。

（8）モスクはスペイン語のメスキータを語源とするが、メスキータはアラビア語のマスジドから来た。イスラーム治下の中世スペインでアラビア語を話すキリスト教徒が「マーウスキタ（落ちた所）」と当時のムスリムを軽蔑して、マスジドをもじって呼んだことに始まる。つまりメスキータは侮蔑用語であった。因みに日本ムスリム協会では、平成二一年以来、モスクはクルアーン用語ではないので正式に廃止しマスジド（礼拝所）と呼ぶことと決定された。拙著『イスラーム用語の新研究』国書刊行会、二〇二一年、第八章参照。

（9）『現代イスラームの徒然草』拙編訳、国書刊行会、二〇二〇年。第二章宗教論、一、精神生活―霊性、参照。

（10）覚知の諸例としては、水谷編著『イスラームにおける直観の研究』国書刊行会、二〇二四年、第四章、及び同著『信仰は訴える』国書刊行会、二〇二三年、第四章「次世代の訴え」参照。

（11）鈴木大拙『日本的霊性』岩波文庫、一九七二年。

（12）アッラーの覚知に関しては、本書の付録を参照。

（13）日本ムスリム協会訳『日訳サヒーフ　ムスリム』、一九八七年、全三巻。第一巻、一四三頁。牧野信也訳『ハディース』、中央公論社、一九九三―四年、全三巻。上巻、二二五頁、下巻、一四六―一四七頁。三六八頁。両方の正伝集に共通している伝承を集めて、『二真正伝承集』

と言われるものが編纂されている。Muhammad Fuad Abd al-Baqi, *Al-Lulu wa al-Marjan*, al-Qahira, Dar al-Hadith, 2005. 四四―四五頁。両正伝集を『真珠と珊瑚』と称して、風雅な書名が付けられた。なお、預言者伝承の引用に当たっては所要の調整をした。

第二章　信仰の段階

本章では今一度、イスラーム信仰の段階という視点から問題を整理してみたい。ただこれで完結するという性格のものではないが、教科書的な表現を出て一つの主体的な見方が持てるようになれば、その目的を果たしたということになる。なお信仰をめぐる書き物にはよくあるが、内容的に縦のものを横にしてみる作業でもあるので、既に述べた事柄と随所で重複することを予め断っておきたい。

(一) 信仰の三段階

信心には三段階あるとされるのが、イスラームの教科書的な説明である。

第一には、言動で教義に則ること（イスラームと言われる）。第二には内心の問題として信仰箇条をしっかり確立し順守すること（イーマーンと呼ばれる）。これが狭義の「信心」と言われている部分で、前章で取り上げた六信といわれる信仰箇条が中心である。第三には、信心に基づきあらゆる善行を積むと同時に、常にアッラーを身近に感じる最も敬虔な段階（イフサーンと称される）。これが最も熟した完成度の高い信心であり、純な篤信のあり方として位置付けられる。

預言者伝承に次のようにある。

「イフサーン（善行三昧）について述べてください。」と問われたのに対し、預言者ムハンマドは答えて言った、「あたかも目前に座すかのようにアッラーを崇めることです。あなたにアッラーのお姿を拝することが出来なくても、アッラーはあなたを見ておいでになるからです。[14]」

因みに、一三世紀から一四世紀にかけて活躍した、有名なイスラーム思想家であり活動家であったイブン・タイミーヤの『信仰論』でも、この三段階の解釈が提示されている。[15]

三という数字は人にとって扱いやすい値なのかもしれない。西洋哲学におけるいわゆる弁証法は、正・反・合の三つの過程と態様を想定していることは周知であろう。信心を含めて、人間の心の進化には三つの局面があるとされる。第一は悪に傾きやすい（アンマーラ・ビッスーイ、ユースフ章一二：五三）、第二は意識して身を正す（ラウワーマ、復活章七五：一―二）、第三は安寧（トゥムアニーナ、暁章八九：二八―三〇）である。安寧を得た結果としては悟りを開いたようなもので、安心立命・大悟という言葉も当てられる。

最後に、以上の信仰のあり方とその功徳についての諸見解に乱麻を断つような、次の預言者伝承があるので付記しておきたい。

「信仰には七〇以上の種類がある。謙遜も信仰の一つである。」

「あなたが亡き後、イスラームに関して誰にも質問する必要のないほどに重要な事項を教えてください、という問いに対し、『アッラーを信じますと唱え、それを堅く守っていくことです。』と預言者は言われた。[16]」

なお信仰というものの性格上、信者の立場や老若男女などの差により左右されるということ、極論すれば、信仰のあり方は人の魂の数だけありうるのである。また観点を変えれば、議論している間にも、時間の経過と共に新たな信仰上の生命力が生み出されているのである。ただし一つの見地を知り納得できれば、それもなしで終わるのとは天地の差がある。この「一つの」突破口から他の多くの事例を模索し、探訪するきっかけとなるかも知れないのである。

コラム　祈りの事始め

ア．「祈りは人の半分」

人は自然のうちに祈っている。こうしたいな、あるいは、こうなるといいなというのは、形式を問わないが、すべて祈りである。宗教の如何を問わない、人として自然な姿である。人には想像力が付与されていることが、その背景にある。だからまずは、「祈りは人の半分」ということを、事実として確認しておきたい(17)。

イ．祈りは二次的ではないこと

礼拝や巡礼などと比べて、祈りはどうかすると二次的な位置づけにされがちである。しかしそれは本末転倒といえる事態である。すべての信仰行為の基本が、祈りなのだ。しかもそれは外見的なものではなく、心を込めての本当の祈りが求められているのである。本当の祈りについて、ドイツの宗教学者ハイラーの言葉を見ておこう。日本の神社で見られる、御百度を踏むような場面が想起される。

祈る人間は、こうした人格的な神がとても近くにいると感じる。未開人は、神が目に見える場所にいると信じ、祈ろうとする際にはその場所に急いで向かうか、あるいはその場所の方へ手を差し伸べたり、眼差しを向けたりする。宗教的天才は、自身の心の静けさや深い魂の根底に神の現前を体験する。しかしどの場合にも、神が現前するという畏怖と確信に満ちた意識こそが真の祈りと体験の基調音をなす。祈り手が呼び掛ける神は確かに超感覚的なのだが、敬虔なる者は、あたかも生きた人間がこの者の前に立つかのような、疑いをはさむ余地のないほどの確かさとともに神の近さを感じるのだ。(18)

ウ．祈りは叶えられるのか

祈りこそは崇拝行為の基本であるとはいっても、祈っても叶わないことも多いというのが、実際上の悩みとなるかも知れない。他方、教義的にはアッラーは決して見放されることはないとされることは知られている。ここにギャップがあるかのようであるが、実はそのようなギャップはないということを解説しておきたい。祈りでお願いしたことは、すぐにそのまま実現することがないとしても、人生必ず何らかの形でその方向に向かうものである。それはいわば幅の広い実現性と言えるだろう。そのような実現の形も

写真３　集団礼拝　岩のドームの前

あるということになる。

　それからしっかりと祈り、嘆願している人のあり方は、必ず周りの人も気付くものである。そうなるとやがてはその人たちも理解をもって接するようになり、協力してくれる場面も出てくる。つまり実現へ向けて自力に加えて、他力も生まれてくるということである。この他力で最大のものはアッラー御自身の支援だが、周囲の人たちも後押しのムードなのだ。ただしそのような後押しも、アッラーのご手配だということではあるが…。ここでも自力だけではない、幅広い実現性が期待できるということになる。

　以上は筆者だけではなく、多くの人の人生経験からしても言えるのではないだろうか。祈りはアッラーの称賛と感謝、そして嘆願を含む。それをきっちりすることが信徒として一仕事となり、その後はお任せという次第である。ここに、インシャー・アッラー（アッラーのお望み次第）という本当の意味が湧いてくるのである。

（二）信心の諸相

信心という、ある種無定形で捉えようのない実態をひもとくのはどのようにすればよいのか。本来は、信者自身が書きとめた信心の発露や信仰生活の諸体験の類を玩味するのが王道であろう。ただそこがなじみの薄いイスラームの泣き所で、キリスト教や仏教などに比べればそのような生の素材が日本語では極めて少ない[19]。

そこで右に見た教科書的な信仰の段階論とは別にここで、信心を入信の様から観察し、信仰を確認する次の段階に移り、最後に信仰の頂点を極める段階へと、いわば時系列に配して捉えてみることにしよう。

ア．イスラームへの入信

世界のムスリムの大半は、生まれながらにしてムスリムである。ムスリムの子弟は教義上、信教の選択をする余地はないからだ。しかし日本から見れば、そのような生まれながらの場合であっても、若いムスリムが本当に信仰を確立する過程には関心が持たれる。

伝統的な幼年時のクルアーン教育は、単に暗誦だけではなく、信仰生活の雛形を見聞きする場も提供してきたのだ。生活習慣全体の中でも、信徒間に流れる固有の親密な人間関係は、信仰のもたらす甘美な側面として信徒を強く惹き付けてきた。

例えば、礼拝の後には周囲の人たちと兄弟として握手し抱擁し合い、また毎年のマッカ巡礼では三〇〇万人の信徒が白衣に包まれて、一緒に礼拝し諸行事に参加するのである。そこは大都会の人間砂漠とは全く反対で、自然の砂漠地帯の中で繰り広げられる最も人間的な大感動の舞台であると言えよう。

また毎年の断食明けの祝いと巡礼月の犠牲祭はイスラームの二大祭として、日本の正月を思わせる雰囲気である。晴れ着を着て、子供は色々の祝いの品々を楽しみにする。また喜捨も大判振る舞いが各地で見られる。

他方このような、生まれながらのムスリムであっても、全員いつも篤信であるかといえば、その保証は全くない。そこは人の子であり、迷いもあれば山あり谷ありであると言わざるをえない。イスラエルの統計によると、ユダヤ教は社会生活の慣習として受け入れているのであって、神信仰は持っていないという国民が七割から八割に上っているそうだ。

アラブ・ムスリムだとそのように峻別することに慣れていない分、それほど鮮明な数字は出ないだろうが、実際はそれと大きくは異ならないかもしれない。人様々であり、人の才能も様々であるから、いつも誰しもが宗教的能力を全開しているとは限らないからだ。そこで問題の本質にもつながることだが、そのような信仰の薄まった周辺部分も宗教の一態様としてみなすことは可能であろう。信仰は右から左まで流動するものであり、今年は昨年より、はては、今日は昨日よりも篤信であっても不思議はないのだ。

次に考えるのは、生まれながらのムスリムではない場合である。彼らの場合はいわゆる入信のための信仰告白をすれば済むということになっている。即ち、「アッラーをおいて他に神はなく、ムハンマドはアッラーの使徒である」と証言すれば、まずは五行の第一関門はパスである。しかもそれは強制されてはならないとクルアーンにある。

この宗教（イスラーム）に、強制はありません。（雌牛章二：二五六）

あなた方には、あなた方の宗教があり、わたしには、わたしの宗教があるのです。（非信者たち章一〇九：六）

通常はイスラームに入信するときその人は、明確にそれが自由意思によるものであることを確認する旨表明することが求められる。それをすませてから右の入信の証言をすることとなるのである。

またイスラームは「寛容の宗教」であると言われる。断食も無理のない範囲で出来るだけ行うのが趣旨である。その他、勤行の規範が一般に柔軟なことは、一端入信した者の事情に合わせて、伸び伸びと信仰を維持できるようにさせたといえよう。優しい宗教という性格は、特にイスラーム初期、律法で厳しかったユダヤ教や隠遁生活を強調したキリスト教と対照的でもあった。そしてこのように「できる限り」という柔軟な精神と発想は営々と現代まで引き継がれている。

この教え（イスラーム）に、あなた方にとっての困難は設けませんでした。（巡礼章二二：七八）

以上のように従来イスラームの入信過程は生まれながらで自然であるか、あるいは極端な精神的葛藤を伴わないケースが多いせいか、他宗教に比べて語り継がれるような入信物語は、日本だけではなく世界の他の諸国でも一般に多くない。

いずれにしてもこれからも大半の入信物語は、伝統的にイスラーム社会ではない所から探すことになるのであろう。せいぜい非公式な文集程度の体裁ではあるが、著者の手元にあるのは欧米人がキリスト教からイスラームに改宗して入信したケースや、日本人ムスリムの場合の諸例を集めたものに過ぎない。欧米人の場合はキリスト教の三位一体説に対する反発や原罪思想のもつ暗さへの抵抗感を言及するケースが散見される。

日本人でイスラームに改宗する人の一番大きいきっかけは、ムスリムとの結婚である。それは男女を通じていえる。ムスリム男子は非ムスリム女子と結婚できるが、逆は成り立たずムスリム女子はムスリム男子とだけ結婚できる。そこで非ムスリム男子は改宗してムスリム女子と結婚することとなるし、また非ムスリム女子も改宗してムスリム男子と結婚するケースが多い。

結婚が入信の理由であることが、動機不純であるということはない。具体例を見ても学習熱心な人が多い。その際に良好な夫婦関係を求める気持ちと重なっていても何ら責められる理由はないだろう。イスラームでは「結婚は信仰の半分」として奨励し、また善良な結婚生活と健全な家庭の建設はアッラーの道に沿う尽力（ジハード）として、その報奨が約束されている。

もう一つ特記しておきたいのは、イスラーム諸国への留学を通じて入信する人、あるいは家出して行きどころがなくなったときに町のマスジドで話を聞いてもらい親切にされたので入信したというようなケースも散見されることである。支援の手が差し伸べられて信仰の道に入るという、絵に描いたような状況が見られることは、本当に心温まる話である。

イ．信心の平常と昂揚

イスラームにおいて信仰の深浅にレベルの違いがあるという考えが、元来具体的な形であったわけではなかった。但し善行の多少は大いに意識されておりそれによりアッラーの報奨には違いが出てくるし、天国に入れるにしても段階があるということになったのである。また実際には平常の日々の中では、たとえば同じ動作で礼拝を行っていても、身の入り方、ということはアッラーへの想いをどれだけ集中できるかは、時によりばらつきが生じるというのが普通の現象である。何をしても人間には、調子の良し悪しやペースの乱れなどが避けられない。

確かな信心はアッラーの存在とその無限の力を垣間見たと思うことで、さらに堅固なものとなるのである。その昔、スペインのアルハンブラ宮殿の天井から射す繊細な光の束を、床に横になって見上げながら信徒はアッラーを思ったという。

アッラーは、諸天と地の光です。（御光章二四：三五）

この表現は、視覚的で最も分かりやすいものであった。

アフマド・アミーンの『自伝』には、彼が幼い頃からアッラーが奇跡を行って見せてくれた夢を見たことや、アッラーの光で自分の部屋が満たされた夢を見た時の様を描写するところがある。[20]

また彼が信仰と議論における見解の違いについて次のように述べているのは、信仰の確信段階に特に妥当する点として参考になると思われる。

一つの見解を持って考えるということと、信じるということとは大変に異なっている。見解はあなたの知識の枠組みに入る事柄である。信じるということはあなたの血を流れる事柄である。それはあなたの骨の髄に入り込み、あなたの心深くに潜入するのである。[21]

信仰の頂上の段階について、一つの表し方としては次のようにいわれることがよくある。即ち一元であるアッラーの差配を万物に認めることができるようになることである、と。この一元感こそは、究極のアッラー認識であるとされ、アッラーの嘉《よみ》しに自分自身も包まれることこそは、至福であるとされる。このようにアッラーの存在をいつも身近に感じ取れる状態は、善行三昧（イフサーン）の段階と呼ばれていることはすでに述べた通りである。
一元論はイスラームの教義全体の一番の中核であるので、ここでもう少し突っ込んで記しておきたい。全宇宙的な視点に立ってみて、あらゆる存在と働きが拠って立つ原理とは何かに思い致す時、それが複数であり区々に分かれることは、すなわち混乱と同義になってしまう。中心は自ずと一つに限定されなければ秩序はありえないと考えるのである。
信仰の頂上感覚の一つのまとめ方として、以下を紹介しておきたい。

世界は見える外の世界と見えない内の世界の二つに分かれる。信仰は見えない世界に対するものだが、それは幻覚ではなく生まれついての人間の天性の一部である。外を認識するのは五感により、その結果知識がある。内を知るのは直観と覚知による。前者のために科学と哲学があり、後者のために宗教と芸術がある。宗教の柱は、啓示と内世界に到達するための霊操であり、それにより最高の力に最も高貴な感性で触れることができる。(22)

右の引用の要点は、より良くありたい、正しくありたいなど、人が自然に求める真善美といった諸価値の要求すべてを包み込む、絶対にして不動のこの宗教的宇宙は人の霊感で到達するものである、だがそれを指し示すのに絶対主の方からの直観があるかもしれないのだ。この宗教的本能は強弱の差はあるとしても誰しもが持っているとされ、イスラームではこれを人の自然、「天性（フィトラ）」であるという。これは概念的には、仏教で誰の心にも存在するという「仏性」に類似しているといえそうだ(23)。

直観の後に来るものは、この宗教的宇宙の一部である自分と主たるアッラーへの依拠と畏怖が中心となる関係である。それは別の捉え方では、称賛と祈願であるともいえるし、あるいは主への敬愛を中軸とした甘美な関係ともいえよう。またそれは被創造者である人類全体への愛にもつながるものである。但しここで注意しておきたいのは、イスラームはすべてに神が宿るとするいわゆる汎神論ではない。以上の次第すべてが現実のものとして素直に受け入れられるとき、それが信仰の極みということになるといって差し支えないだろう。

ここまで来て話が複雑になり、汎神論など高度な学術用語が飛び出すようになってしまった。そこで再び想起しておきたいのは、本書第一部の初めに触れたファフル・アルディーン・アルラーズィーと行き交った老婆のことである。

検討が進めばそれだけ概念的にも磨かれ、使用される用語の選択も鋭くなるのは当然であろう。しかしそれだからといって人の心から迂遠になれば、それは本末転倒ということになる。人の心により清らかに響くための検討であり、純粋であることによってより本質を逃さないことが目的であるはずだ。右に述べられた頂上感について角度を変えて眺め直してみると、どうということもない、老婆の心持ちと異口同音であるということになるだろう。信心の頂点はどのようなものかと老婆に聞いても、「そんなことは疑問に思ったこともないので、回答もない。」と言って即座に吐き捨てられるのが落ちではないかと思われる。

コラム　祈りの種類

イスラームにおける祈りのあげ方としてほぼ定型となっているのは、毎日五回行う礼拝（サラー）、折々に行う祈願（ドゥアー）、そして随時アッラーの名を唱える唱念（ズィクル）に分けられる。ただし口ずさむ文言は、互いに乗り入れて混在している部分もある。そしてすべてに共通しているのは、作法を守りつつできるだけたくさん行うことが良いとして勧奨されていることである。

いずれの場合も口ずさむ程度の声を出すだけである。一番重要なことは、祈るという意志（ニーヤ）をしっかり持つことと、そしてアッラーに至誠（イフラース）を尽くし、その教えに従う（イムティサール）という決意と覚悟である。主は信者の姿や外見を見られるのではなく、その内心を見ておられるという預言者の言葉が想起される。そしてクルアーンにある次の言葉を改めて上げておこう。

アッラーは、人とその心の間に入ることを知りなさい。そして（死後）かれへと召集されることを知りなさい。（戦利品章八：二四）

ア．礼拝

礼拝は信仰告白に次いで信徒の第二の義務として、一日五回、すなわち暁、昼、午後、日没、夜の定時に実施する。但し厳密にはそれぞれ太陽の動きとは多少ずれた時間が指定される。太陽信仰にならないようにとの配慮からである。また特に金曜日の昼の集団礼拝は、成人男子にとって重視され、共同体意識の高揚を確かめる機会となる。

さらにはこれらの定時だけではなく、断食月の夜長の礼拝、葬式の礼拝、断食明けと犠牲祭の二大祭での礼拝などの特定時、あるいは任意の礼拝もある。

礼拝の仕方としては直立、屈折、平伏、坐の姿勢を組み合わせて行うが、場所は清浄であれば砂漠の中でもどこで行ってもよい。カイロなどでは道路上に絨緞を敷いて、集団の礼拝が行われている写真を見た人も少なくないだろう。そして礼拝は常にマッカの方向へ向かって行う。

礼拝中の所作の一つ一つにおいて決められた言葉を口ずさむが、その内容はクルアーンの章句、祈願の言葉、アッラーを称賛し唱念する言葉で構成される。たとえば直立礼ではクルアーンの章句、屈折礼では「アッラーは偉大なり」、平伏礼では「アッラーは至高なり」と唱念し、坐礼では「アッラーよ、お赦しを」と祈願する。

こうして礼拝の時の文言は、ドゥアーやズィクルの要素を含んだかたちで、ほぼ決まっている。他方折々の祈願や唱念の際は、基本的には随意な内容となるので、この点礼拝と異なっている。

イ．祈願

祈願は内容的に随意、実施の定時もなく、また使用言語もクルアーンのアラビア語に限らず自国語が可能である。そこで様々な祈願文言集が世界の各国語で出され、例えばそれを巡礼者が片時も離さず首から下げて歩く姿に出会う。義務的勤行ではなくても祈願することは信仰上極めて重視されており、礼拝の後にも自発的に多く祈願するようにと勧められる。

祈願の作法あるいは諸条件として、次のような事柄が挙げられる。

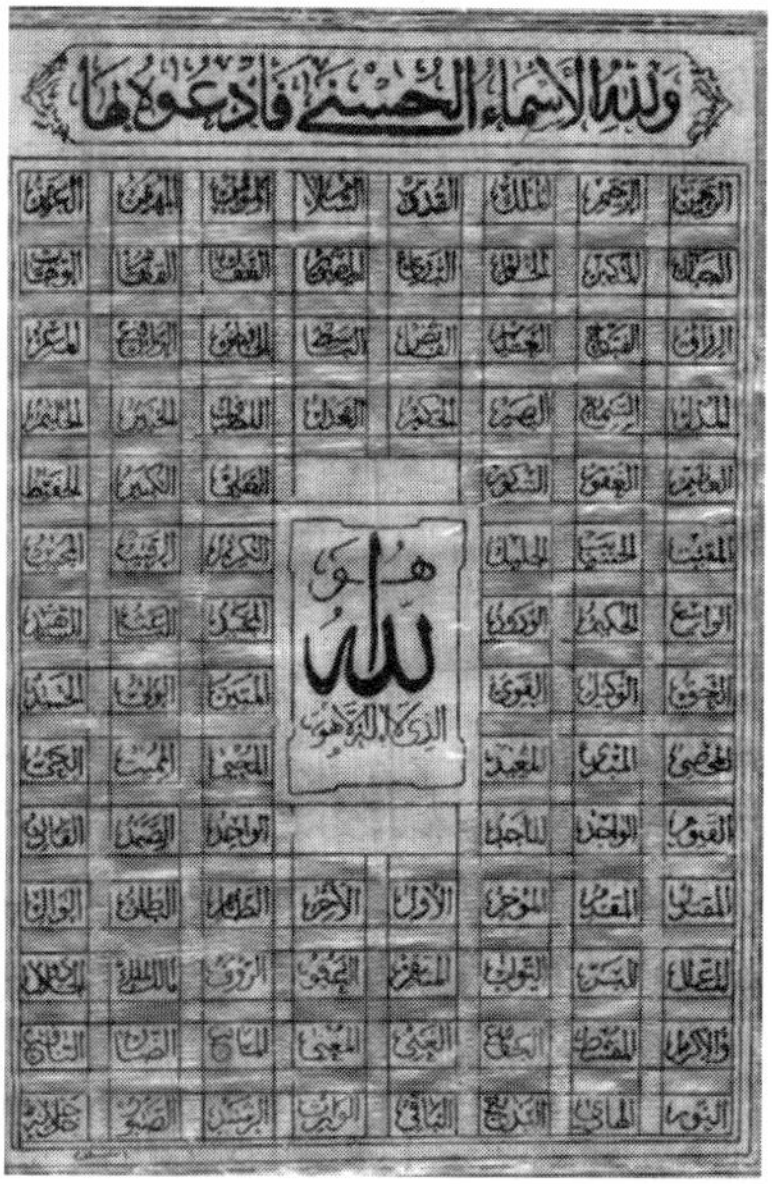

写真４　九九の美称

心を込めること、アッラーを称賛し預言者ムハンマドへの平安と彼へのアッラーの祝福を祈ることから始めること、急がずに祈願しそれは応えてもらえると信じること、アッラーのみにお願いすること、声を低くして泣き声などを上げないこと、礼拝同様にマッカの方に向かって両手を前に揃えること（合掌で手のひらを開けたかたち）、敬虔さ・畏怖・願望と恐怖心をあわせ維持すること、過ちや罪を素直に認めて悔悟すること、三回祈願することなどである。

ウ．唱念

唱念は祈願と異なって、使われる文言がより簡潔で、定型化されたものが多い。一番短くは「アッラーの御名において」であるが、この他、「アッラーは偉大なり」、「アッラーは至高なり」、「アッラーは唯一なり」、「アッラー以外に方法も力もない」といったものがよく使われる。

唱念の短い文言でアッラーを唱えることにより、信仰の根本や信者の願いのすべてが凝縮されていると言える。礼拝の際に、何はなくともこれらの短い文言を繰り返すだけでも有効な礼拝とされる。また祈願の言葉と唱念の言葉が組み合わされることもしばしばである。

唱念のときには手の位置も限定されないし、向かう方向も決まりはなく何か作業をしながらでも可能である。そこで唱念の簡潔な文言は、ほとんどあらゆる動作においてムスリムの口をついて出てくる。それもそのはずで、常によくアッラーを意識することから信者の日常が展開されるのである。作業の開始、食事の始め、車に乗る時など、何であれ「アッラーの御名において」である。

【註】

（14）前掲書『日訳　サヒーフ　ムスリム』、第一巻、二八頁。

（15）Ibn Taymiyya, *Kitab al-Iman*, al-Riyad: al-Maktab al-Islami, H. 1381. 八頁。

（16）前掲書『日訳　サヒーフ　ムスリム』第一巻、五二―三頁。
（17）水谷周、鎌田東二共著『祈りは人の半分』国書刊行会、二〇二一年。
（18）フリードリヒ・ハイラー『祈り』、国書刊行会、二〇一八年。五二三頁。
（19）飯森嘉助編『イスラームと日本人』国書刊行会、二〇一一年、イスラーム信仰叢書第六巻。日本ムスリム協会編『入信記』、二〇〇七年、など。
（20）アフマド・アミーン『アフマド・アミーン自伝』拙訳、第三書館、一九九〇年。四三頁。
（21）Amin Ahmad, *Fayd al-Khatir,* al-Qahira: Dar al-Nahda, 1938. 第一巻、六頁。
（22）Makoto Mizutani, *An Intellectual Struggle of a Moderate Muslim, Ahmad Amin (1886 -1954),* Cairo: Ministry of Culture of Egypt, 2007. 八二頁。
（23）ここで参考に仏教における悟りは。どのように捉えられているかを見ておくこととしよう。信心の頂点ではあるが、具象的でない分やはりその表現は容易ではない。悟りの特徴として次の八点にまとめられた。非合理性、直覚的認識、意識の深奥性、超相対的受容、達成感あるいは彼岸意識、非人格調、寂然とした高揚感、瞬時性である。鈴木大拙『禅と念仏の心理学的基礎』大東出版社、一九三七年初版、二〇〇〇年新版。一一～二五頁。

第二部　精神生活の諸側面

第二部では、すでに概観したイスラーム信仰の内実を踏まえつつ、それがもたらす精神生活の模様を訪ねることとしたい。信仰を中軸としつつも、この世における人の精神生活上の諸側面に比重を置くこととする。

まず、イスラーム初期の原像における特徴として禁欲主義と悔悟の精神に焦点を当てる。その後は決まった順序があるわけではないが、比較的時代が下ってから見出された尊厳や幸福という側面を展望する。次いで古来重視されてきた、安寧や慈愛の心を取り上げたい。また「悲しむなかれ」という教えは直接的な表現でクルアーンにも出てくる。過度に悲しむことは、失ったものに注意が集中してしまって、さずけられた多くの恵みの全貌を忘れていることになるので、不信に導くとされるのである。これらの諸側面を順次一巡するのが、ここの第二部で進む航路である。

ちなみにムスリムも人の子である以上、喜怒哀楽から始まり、物的精神的欲求の基本的な諸要求や願望は、非ムスリムと共通するところが多々あるのも想像に固くない。それは個人的なレベルのものも社会的な内容のものも両方あるだろう。このように人としての自然な共通の思いを基礎にしつつ、イスラームのあり方を探ることとなる。

他方いかなる宗教であっても、それがもたらす精神的影響やその世界の描写は容易な作業ではないだろう。それは概念論となり、公認された客観的な枠組みがないからだ。論者によって様々に別れて、ほとんど収斂《しゅうれん》しないくらいに百花争鳴の状況になってもおかしくはない。また特定の個人をとっても、日により時により万華鏡のような変化を示すこともあるだろう。そのような中、本書の叙述は種々限界のある著者の見た最大公約数的なまとめである。ただこの限界にもかかわらず、ここでは読者諸氏に対して有効なきっかけを提供することを目標として筆を進めることとする。

なおその際全体を束ねる一本の糸が、第一部で記したイスラーム信仰の基本である。尊厳、幸福、安寧、慈愛、希望などの精神生活の諸側面が主たるものである。その他、誠実さ、禁欲、忍耐、感謝、悔悟、あるいは犠牲心や利他主義、正義感といった諸要素は横溢している。しかしそれらは決してバラバラと個別にあるのではなく、存在の真理という幹にたわわに実る一房のブドウのようなものであることを、本書を通じて確かめてもらえればと考える。それらは混在し、時に融合し、連携し共同しているのである。

そしてそれらの諸側面がある中でも、最も比重が大きく根幹となるのは安寧であり、その内実である「心の静穏」であると見られる。それは人に与えられた天性に基づき、それがなければ純正な信仰そのものも成り立たないと考えられているからだ。またそれ以外の諸側面は逆に信仰に基礎を置くか、あるいは信仰ゆえに授かった恵みであると位置づけられるからだ。それでは以下において、それら諸側面を一つずつ見てゆくこととしたい。

第一章　イスラームの原像

まず事始めとして、イスラームの原初的な姿を求めて描くこととしたい。預言者ムハンマドに啓示が降りた七世紀初頭以来、当時のイスラームに根本的に手が加えられたというものは一切ない。むしろそのような人為的な改変を回避して、気が付けば是正し軌道修正するのがその後の大きなテーマとなったのが実際であった。それらの筆頭として聖者信仰や神秘主義といった思潮、あるいは墓参の慣行などの問題があった。

そこで啓示があって以来の後代の粉飾は排除しつつ観察すれば、どのような風景がイスラームの精神生活の原像として見えてくるのであろうか。

(一)預言者ムハンマドの姿

西暦六一〇年、啓示が始まるまで預言者ムハンマド(アッラーの祝福と平安あれ)は特にラマダンの月になるとマッカ郊外にあるヒラー山に登り、そこの洞窟で一人黙想する日々を過ごすこととしていた。それは精神の浄化と真実を見極めるためであった。その間、妻ハディージャが少しずつ食料を運んだとされる。そこへの道のりは現在でも均《なら》されておらず、標高八〇〇米余りの急勾配で岩肌が荒々しいかなり危険なものでもある。

ここに見られる求道者としての世俗欲から遠ざかる禁欲（ズフド）的な修行振りは、時間的には啓示の始まる前だからイスラーム以前のものということかもしれない。しかしそのような心的浄化と昂揚があったからこそ啓示があったとも理解される。そしてその禁欲的で純な求める者の心根が、イスラームにおける精神状況の原像として浮き彫りにされるのである。この側面は名誉心を避けるといった心的な方面だけではなく、外的なたとえば彼の衣服や食物の面でも控えめで最小限で十分とする態度などにも確かめられるのである。また預言者ムハンマドは高貴な家柄とされるクライシュ族出身であったが、そのような出自に関わる特権や待遇もかなぐり捨てたということになる。

この時の様子はおよそ次のように特徴付けられる。

節約、畏怖、帰依、禁欲、篤信などで彩られ、世俗から遠ざかり信仰を求めていた。宇宙の偉大さ、素晴らしさ、その規則正しいことなどを瞑想していた。柱のないまま誰が空を持ち上げたのか、そこに誰が光を創り、星をちりばめたのか。大地を広げたのは誰か、そこから水を出させて放牧できるようにしたのは誰か、また種々の雌雄の植物を出し、また形状やサイズや色彩や味わいを異にする色々の果実を作ったのは誰か、といったことを。

預言者はまた考え続けた。人を一番素晴らしい形状に創られたのは誰か、聴覚や視覚を与え、筋力と活力、行動と思索を可能にしたのは誰か、と。(24)

以上の求道者としての側面と重なりつつ改めて注目されるのは、預言者がいかに信心深い精神状態であったか、というイスラーム啓示開始後の精神状況である。

誠にアッラーの使徒は、アッラーと最後の日に望みをかける人とアッラーを多く唱念する人にとって、立派な模範でした。（部族連合章三三：二一）

中でも強調される特性は、過ちを悔いて主に悔悟（タウバ）することがしきりであったということであろう。一日の間に、彼は七〇回から一〇〇回は悔悟してアッラーの赦しを請うたとされる。それほどに通常ならぬ繊細な神経を持って自らを律していたともいえよう。あるいはそれほどに主の存在を常に真近かに感得していたとも表現できる。

勤行の厳格な遵守など彼が際立った行動を取っていたに違いないことを間接的に示す証左としては、クルアーンに次のような言葉がある。その理解のためには、彼が悩んでいるのではないかと見受けられるほどに、厳しく自分を律していたことを背景として想定する必要がある。それを前提に降ろされた啓示の言葉である。

われらがあなたに、クルアーンを啓示したのは、あなたを悩ますためではありません。ただ（アッラーを）畏《おそ》れる人への諭しに他なりません。（ター・ハー章二〇：二、三）

預言者ムハンマドに関しては、歴史を通じて言うまでもなく多量の文献が積み重ねられてきた。それらを通じて右に見た求道者の心根以外の側面についても、彼の精神状況として語られるものが少なくない。

その一つは預言者としてのそれである。たとえば啓示を受ける際の精神状況については、多様な描写が伝えられている。それは落雷にあったような激震が走り、時に意識を失い、または記憶喪失の症状も一時的には見られたようだ。

あるいは有名な「夜の旅（イスラー）」の物語にあるように、天馬に乗って一夜でマッカからエルサレムに飛び、そこで礼拝を上げてから天国に誘われ、暁までにはマッカに戻るといった出来事が伝えられている。天国ではアーダムほか先達の預言者に会うと同時に、アッラーより一日五回の礼拝の仕方を教示されたのであった。つまり当初は五〇回するようにとの命令であったのを、地上では五回まで軽減してもらったということだ。

しかしながらこういった様々な状況は預言者として啓示を受けるという、他の一般人にはありえない場面における模様である。したがってそれらの場面における精神状態について、ここでこれ以上詮索することは控えることとしたい。

最後に取り上げる別の側面としては、預言者の人間としての偉大さである。まずクルアーンにいう。

そしてあなたは、立派な徳性を備えています。（筆章六八：四）

彼の人格の高邁さや性格の素晴らしさを称賛する言葉も多く伝えられている。預言者伝承集にはそのような章が設けられている。そこでは預言者がいかに謙遜家であり慎み深いか、あるいは思いやりがあり人々に圧迫感を与えず逆に非常に親近感をもたれていたか、いかにハンサムで上品な容姿であったかなどなどが、列挙されている。[25]

ところがこれらは多分に人が尊敬すべき理想像として描写する意味はあるとしても、預言者の精神状況そのものではない面も少なくない。そんな中でも、心は平静で、慈愛が深く寛大であったといった彼の偉大な徳性については、本書のそれぞれ関係する箇所において後で取り上げることとする。したがってここで預言者の人格の全体を取り上げることも控えることとなる。

最後には預言者の人格が及ぼしてきた影響の大きさについても、言及しないではすまないだろう。ただしこれこそ膨大な分量である。それをここでは比喩的に語ることで済ませたいと考える。

彼の歴史を通じた影響力の大きさは、あたかもマディーナの預言者マスジドの増築の歴史が象徴しているようでもある。元は預言者の質素な家の隣にあった空き地を礼拝所として利用したことが、その始まりであった。礼拝の方向（キブラ）を示すものは小石であったり槍を立て掛けたりし、そのすぐ近くには三段からなる台がしつらえられていた。それが説教台（ミンバル）の始まりであった。そしてこれらがその後世界に広まる、マスジド建設の雛形を提供した。またそれが数百万人を収容する現在の壮大な預言者マスジドのキブラとミンバルの定位置となっているのだ。彼の影響力の大きさはいくら筆舌を尽くしても足らない分、このようなマスジド建造発展の話で象徴させることとした。

コラム　禁欲とは

禁欲（ズフド）ということがイスラームの精神生活にとって中心的な価値の一つであるとしても、その言葉は現代の日本ではあまり馴染んでいるわけではない。そこでここにそれを少し細かく見ておこう。

ア．禁欲の範囲

欲するものを抑制することが通常の禁欲の意味であることは、日本でもイスラームでも変わりない。しかしイスラームでの用法はアッラーに認められているものを抑制し自粛することを意味する。

ところがアッラーに認められているものには、さらに二種類ある。一つは篤信を深める内容の諸行為で、そのいくつかは義務とされるものである。端的な例は礼拝の実施である。もう一つは篤信に役立たないか、あるいはそれとは関係ない内容の事柄である。そこで禁欲が成立しうるのは、後者についてのみということになる。なぜならば、篤信に役立つ行為を抑制し自粛するはずもないのは、自明であるからだ。

逆にアッラーに否定されて認められていないものについて、それを回避することは忌避と呼ばれている。例えば誤った内容を含む説教には、耳を閉じたり欠席したりすることである。

以上を一言でまとめた言葉がクルアーンにある。

信仰する人たちよ、アッラーがあなた方に許される善いものを禁じてはいけません。そして度を越してはいけません。誠にアッラーは、度を超す人を好まれません。

（食卓章五：八七）

篤信行為でないものについてせいぜい自粛し自制心を働かせるように勧められる理由は、人の野望や欲望は切りがないからだ。キリスト教の修道院生活はイスラーム初期の当時から知られていた。だが預言者ムハンマドの周辺に肉を食べず、結婚もせず、寝台などでは寝ないと頑張る人がいたところ、そのような異常な厳格さは預言者によって戒められた。つまりあの世とこの世に役立つものは是認されると説明されるのである。

イ．クルアーンの用例

禁欲の言葉が「強欲でない」という意味で、クルアーンに出てくるのは、一度だけである。

かれらはわずかの銀貨で、安価にかれを売り飛ばしました。かれらはかれに価値を見出さない（強欲でない）人たちだったのです。（ユースフ章一二：二〇）

クルアーン上、直接には言及のない徳目が重視されるのには理由がある。それは現世を一時的で来世こそは永劫と考え、したがってこの世の栄華、享楽は真実の認識を誤らせる幻惑であり、それを貪ることは誤道と見るところに根ざしているのである。つまり常に勧められる篤信行為と禁止された忌避事項の間にある事柄について、すべて控え目で質素にするということは、現世を過ごす基本姿勢であるということになる。

そこでその目で見直してみると、直接に禁欲とはいわなくても、一般的に欲望を抑えるようにとの教えはクルアーンに満ち溢れている。

あなた方の現世の生活は、遊びや戯れであり、また虚飾と互いの自己顕示であり、財産と子女の多さの張り合いだということを知りなさい。（鉄章五七：二〇）

（人間は）富を強く愛します。（進撃する馬章一〇〇：八）

われらがかれら（マッカの多神教徒）の何人かに与えた、この世の生活の栄華へと、あなたの両目を（物欲しげに）向けてはいけません。われらは、それによって、かれらを試みました。あなたの主の糧こそ、最善で永続するのです。（ター・ハー章二〇：一三二）

またアッラーがあなた（カールーン）に与えられたもので、来世の住まいを請い求め、この世におけるあなたの（妥当な）分け前を忘れてはいけません。そしてアッラーがあなたに善くしてきたように、あなたも善行をしなさい。地上において、腐敗を広げてはいけません。誠にアッラーは、腐敗を広げる人を好まれません。（物語章二八：七七）

ウ．日本の禁欲

イスラームにおける禁欲は、清貧を求める精神へとつながってゆく。必要以上のものを求めず持たず、少なさを持って足るを知るという生活態度である。この徳目は現在もイスラームでは大きな関心を持って見られており、イスラームの歴史上知られた人物の「禁欲的発言集」のような書籍も未だに編まれて、再版を重ねている。それは対象となった人物の、禁欲度チェック・リストのようなものである。現代でもエジプトのナセルの質素さとサダトの物欲がよく対比される。ムバラクに至っては、我欲の悪魔として血祭りに上げられたのであった。

写真５　啓示の降りたヌール山　著者撮影

日本で言えば禁欲の徳目は、かつてのバブル経済やその当時の生活態度を批判する意味を持つ。また同時にそれは、今後の日本の復興に当たっても言えることではないだろうか。環境問題で資源の有効利用が叫ばれるが、根本は一人一人の心構えであり、決心と覚悟であろう。その意味で禁欲や清貧は、今後の日本語でもっとよく耳にする言葉になってもいいのではないだろうか。今ではスポーツ選手の訓練が禁欲的（ストイック）であるといった脈絡でしか聞かれることがない。戦後間もないころは、「清く貧しく美しく」といった標語がよく聞かれたことを覚えている人も少なくないはずである。それは戦後の爛熟期間と共に、嘘や責任逃れが日常茶飯事となる中、「嘘は泥棒の始まり」といった教訓と同様に、残念ながら隔世の感ありという実感である。

（二）教友の姿

イスラームの原像としては預言者と同世代の教友たちの姿も一応見ておくこととしよう。彼らは預言者を模範として行動することとなった。

その第一のグループは、預言者の後継者となった四代の正統カリフたちである。彼らのいずれもが、その禁欲ぶりや篤信ぶりで特筆される言動を示していた。

第一代カリフのアブー・バクルの言葉として、「われわれは篤信に栄光を、確信に豊かさを、謙譲に名誉を見出した。」というのがある。第二代カリフのオマル・イブン・アルハッターブは説教の時の上着には四ヶ所、下着には一二ヶ所の穴があいていたが、そのぼろ服を自分の手で洗濯もしていたという。第三代カリフのオスマーンは殺されたときも、クルアーンを手にしていたというほどにいつも肌身離さずにいた。第四代カリフであるアリーは、信者たちが見習うためにも衣類にはわざと穴を空けたともされる。そして一般にはこの最後のカリフであったアリーが一番禁欲的であったと評される。彼の言葉に、「昼も夜も忍耐を競うが、短気は悪魔の仕業だ」というのがある。

正統カリフのそれぞれが有徳の士として信者の敬意と愛情の対象であるのは、預言者と同類の話である。それぞれに様々な逸話が残され、大部の伝記も各種編纂されてきた。また預言者伝承集でも格別の扱いがされている。だが右に見た各カリフの為人《ひととなり》に関する多少の言及で筆を止めることとする。この課題を全幅に扱うことは明らかに本書の範囲を超えたものであるだけではなく、為人《ひととなり》については、慈愛や希望など各側面を巡る中でも取り上げることとなる次第は、預言者の場合と同様である。(26)

以上の正統カリフたちもさることながら、当時の同世代の教友たちで高位につかなかった人たちの中にもイスラームの原像を生き抜いた人たちは少なくなかった。その一つのグループとして知られる人たちに、「スッファの民」と称される人々がいた。

この人々の出身は、マッカから移住した移住民とマディーナの住民で構成されて、預言者に従った両勢力の支持者からなっていた。かれらは家族も財産もない貧しい人たちであったので、かれらのためにマディーナにある預言者マスジドの一隅に軒を使った仮設住居（スッファ）が設けられた。もちろんこれが、「スッファの民」の語源となった。ところが彼らこそは、進んで貧しさに身を任せる禁欲主義者たちでもあった。常にクルアーンを身から話さなかった人々でもあった。そしてクルアーンが読まれると、目には涙、その皮膚は畏怖で鳥肌が立って震えていたと言われる。

クルアーンの次の言葉は、「スッファの民」が念頭にあるものとされる。

最初の先達は（マッカからの）移住者と（マディーナの）援助者と、かれらの善行に従った人びとです。アッラーはかれらに満悦され、かれらもまたかれに喜悦します。かれは、かれらのために川が下を流れる楽園を準備し、その中にかれらは永遠に住むのです。これこそが偉大な勝利なのです。（悔悟章九：一〇〇）

アルティルミズィー（八二五―八九二）やマーリク（七〇八・一六―七九五）の編纂した預言者伝承集に「スッファの民」の高潔さに言及したと解釈されるものがある。それは、わたしの教友たちは星のようで、かれらの誰であれ、あなたが指導を求めたならば、あなたは導かれるであろう、という個所であるとされる。

預言者自身やその家族は「スッファの民」をしばしば訪れて話を交わし、またかれらの生活ぶりに共鳴していたという。第四代カリフであったアリーの息子であるハサンは、かれらの礼儀や作法に信仰の極みを見出したともいわれる。預言者の言葉を多数後代に継承した人として知られるアブー・フライラは、一生を通じてこの「スッファの民」の一人であった。彼は有数の預言者伝承記録者であったが、同時にその禁欲ぶりと貧困ぶりについても、多くの史書に記されて残されることとなった。(27)

コラム　悔悟について

反省は良いことであるという程度には、今の日本でも理解しうる。しかしイスラームでは、それに様々な信仰上のバック・ボーンが提供されることとなる。ただしその論理は複雑ではない。過ちに気がつかないならば、正しいこともわからないということになる。精神的に正常であるとすれば、それは識別の判断基準が確立されていないということに他ならないだろう。ということは、すなわち信仰の欠如ということになるのだ。

ア．意味内容

悔悟はアッラーと人の間における、双方向の行為であるとされる。まず、人として誤りから正しい道へ戻ることが悔悟（タウバ）である。それは、人が悔い改めたいとする意志に基づくものであり、そうすること自体が善行である。このように、悔悟は主として信者がアッラーに対して行うものである。

しかしさらにはアッラーも人に対して、同種の行為をとられることがある。それは悔悟する人に対して、その過ちにもかかわらず恵みを与えられるという意味で、免ずるという意味になる。悔悟する者には、アッラーは走ってその信者に近づかれるともされる。そこに、戻る、の意味があるのである。そこで悔悟は、アッラーと人の間の双方向なものであるということになる。

イ．人の悔悟の諸条件

人のする悔悟には次の四つの条件が付されている。過ちを停止し、それを悔いること、再発しないよう決意すること、死ぬ前に悔いることの四つである。

さらには、日没から夜明けまでの間に悔いること、権利侵害した相手に対して同等の権利を回復すること、あるいは強要しないでその人の寛恕かまたは許しを得ることなどの条件も付加されうる。

クルアーンには明示的な規定がある。

死が迫るまで悪を行ない、今（死の間際になって）わたしは改心しましたという人に赦しはないでしょう。また不信心のまま死ぬ人たちにも赦しはないでしょう。かれらに、われらは厳しい苦痛を準備しました。（女性章四：一八）

あなた方の主の何らかの印が来る（最後の）日、以前から信仰し、または信仰により善を稼いでいない限り、かれらを信仰が益することはないでしょう。（家畜章六：一五八）

後者の解釈として、夜の間に悔悟するようにとの預言者伝承と合わせて夜明け以前の悔悟のみが受け入れられると説かれるのである。それを一般化して、知らないで間違いを起こしても気づいたならば、直ちに悔いるべきであるとされる。人は間違いを犯すのが常でもあるのだ。

アッラーが赦されるのは、悪を知らずに行ない、その直後に改心する人だけです。（女性章四：一七）

善行と混じったような間違いをしても、改めれば赦されるのは同様である（悔悟章九：一〇二）。またはっきりと改めない場合には、アッラーの裁決を待たされる場合もある（同章九：一〇六）。悔いたこと自体を悔いるのは、新たな誤りである。

悔い改められない過ちはない、とするのが大方の見解である。しかしそれも細かには種々ある。「かれらはアッラーと共に他の神に祈らない人たちです。また、正当な理由がない限り、アッラーが禁じた殺生をしない人たちです。また、姦婬しない人たちです。もちろん、そのようなことをする人は、懲罰を受けます。」（識別章二五：六八）とあるからだ。しかしその節の直後には、「ただし、改心し信仰して善行に励む人は別です。」（同章二五：七〇）ともあるので、多くの学識者は悔い改めることはできると説いている。

ウ．クルアーンの用例

初めに簡潔な表現を二つ取り上げる。

信仰する人たちよ、共にアッラーへと悔い戻りなさい。そうすれば、あなた方は成功するでしょう。(御光章二四:三一)

そしてあなた方は互いに中傷してはいけません。また綽名《あだな》で、罵《ののし》り合ってはいけません。信仰に入った後から、(そのようなことをして)掟破り呼ばわりされるのは、何という悪態でしょうか。それでも改心しない人は不正の徒です。(部屋章四九:一一)

クルアーンの第九章は「悔悟章」と命名されているが、その章名の「悔悟」も前述のようにアッラーと人との間の双方向なものを指していることを確認しておこう。次の節では善い行いが即ち、悔悟であるという位置づけになっている。

あなた方の主は、あなた方の心の中にあるものをよくご存知です。もしあなた方が善いなら、かれは改心する人たちをよく赦すお方です(夜の旅章一七:二五)

預言者も過ちを犯す者であるが、悔悟も早くて確かであった。ムーサーがアッラーに

写真６　黒石

対してその姿を拝みたいと言ったので、アッラーは御光で山を粉微塵にされ、ムーサーは気絶してしまった。かれは息を吹き返して次のように言った。

あなたに賛美あれ。わたしはあなたに帰ります。そして信仰する者の、先駆けであります。（高壁章七：一四三）

また預言者アーダムもエデンの園で過ちを犯したが、そのすぐ後に悔悟して地上の各地を放浪した結果、赦されたのであった。

こうしてアーダムはかれの主に背き、誤ちを犯したのです。その後、かれの主はかれを（預言者として）選んで、かれに戻って（赦し）、導きました。（ター・ハー章二〇：一二一、一二二）

しかし悪を行なった後、悔悟して行ないを正す人は、アッラーがその悔悟を受け入れます。アッラーはよく赦され、慈愛深いのです。(食卓章五:三九)

天上では天使たちがアッラーのお赦しを、信仰して悔悟する人間に下されるように祈ってくれていることも忘れられない。

(主の)玉座を担う者たち、またそれを取り囲む人たちは、主を称賛をもって賛美し、かれを信奉し、信じる人のために御赦しを請いながら(言います)。主よ、あなたの慈愛と知識は、すべてのものの上にあまねく及びます。改心してあなたの道に従う者たちを赦し、かれらを地獄の火の苦痛から御守りください。(赦すお方章四〇:七)

（三）禁欲主義の流れ

ここでは原像に見られた禁欲主義は、イスラームのその後の歴史的な展開の中で紆余曲折があったとはいえ、常にこんこんと絶えることのない泉のように流れ続けてきたことを振り返りつつ確かめておきたい。

まず見るべきは、イスラームの初期には禁欲的であり篤信なことで特に知られる一群の人達が各地にいたことであった。スッファの民もその一部である。他に知られたところでは、イラクのクーファやバスラを中心とした一団、あるいはホラサーン地方にもいたことが知られている。知られた人としては、今のイラクに生息していたアルハサン・アルバスリー（六四二―七二八）がいた。彼は敬虔さ、禁欲ぶり、黙想ぶりで知られ、アッラーを畏怖すること、終末のわからないことへの心細さなどの感情に満ちていたとされている。同類の人として女性では、ラービア・アルアダウィーヤ（八〇一年没）といった名前が知られている。彼女はアルバスリーの特徴に加えて、アッラーへの愛を強調し涙しつつ、尊顔を拝することに執着したと記録に出てくる。

次いで見るべきは、右の禁欲者たちとも連動しつつ、九～一〇世紀以降発達したスーフィズムである。スーフィズムは禁欲主義や神との合一を目指す神秘主義を中軸としていた。それはウマイヤ朝の物質的繁栄への反発や法学や神学といった学問よりは信者の内面を重視する立場を背景として出現したのであった。

スーフィーの語源は彼らの身に付けた服が羊皮（スーフ）であったからだとの説や、あるいは上に見たスッファの民がスーフィーの語源であるとする説もある。いずれにしてもそれらの主張は、スーフィズムの源泉がイスラーム自身であるとの見解を支持することにもなる。さらには、スーフィズムの遠因としてインドの仏教やバラモン教との関連性を強調する一群の研究者もいる。例えば輪廻の思想、神との融合による万物単一説、悟りという直覚重視などの側面が挙げられる。さらにはイラン、ギリシア、キリスト教などにその源流を見出す一派も出ている。

ともかくもスーフィズムのもたらした、ダンスによって恍惚状態に入ることなど様々な新規な諸儀礼や、なかでも聖者崇拝の流布はイスラームからの逸脱であるとの批判の声が上がることは避けがたいものがあった。それは逸脱の度合いが目立つところや、政治権力に少しは距離のあるところに集中したのはことの自然であった。インドでも改革の狼煙は上げられた。しかし中でも最も鮮烈な批判の火の手が上がったのは、一八世紀の砂漠の地、アラビア半島であった。

アブドル・ワッハーブ（一七〇三―一七九二）は一三世紀の思想家イブン・タイミーヤの後

継者を自認しつつ、イスラーム浄化の運動を起こしたのであった。クルアーンと預言者伝承に忠実な立場を取り、イスラーム法の徹底的実施を求めることが主張の中心となった。それはやがて二〇世紀に入り、サウド王家の政治運動と連動するようになり、現在のサウジアラビア王国の建国につながったのであった。

こうして禁欲主義の流れはいわば中興の祖に恵まれることとなった。しかし禁欲的であるのは人の欲望の切りがないことへの反省である以上、恐らく世界の宗教に共通した要素であって、今後も浮き沈みがあるとしても涸れることのない不滅の泉であって何ら不思議はない。それは仏教やキリスト教のみならず、生きとし生けるものの本来あるべき姿として、真実を指し示しているとも理解されるのである。最近の用語で言えば、限界のある資源を持続的に活用することを可能にする最後の砦が、この少しで足ることを知る禁欲主義という精神性でもあろう。

コラム　厳しさと緩やかさ

禁欲主義と聞くと何か非常に厳格な響きがあるが、実はイスラームはそれとは真逆であるということを強調しなければならない。究極の姿として自らに厳しく当たることは求道者としては当然としても、一般信者に対しては寛容であり漸進主義なのである。緊張をほぐし、各自可能な範囲で遵守せよというイスラームの姿勢も、イスラームが広く拡大し、また長年一体感を保持している一因であろう。

人間世界の事柄は、一筋縄で行かないことも多い。同時に簡単明瞭な事象も少なくない。不必要に詮索し、重箱の隅をつつく姿勢は、簡単なことを難しくする場合が多い。イスラームという教えについても同様だ。詮索好きな人もいたのであろうが、クルアーンではそれを戒めている。クルアーンの文言も明白でない場合は、それなりの配慮の下にそうされたのであって、明白であれば逆に悩まされるというのである。

信仰する人たちよ、あなた方に明らかにされたことを、問い正してはいけません。(逆に) あなた方を悩ますかもしれません。(食卓章五:一〇一)

この言葉などは、そのまま人生の知恵として有効なのではないだろうか。さらに、クルアーンは簡単で読めるところから読めばいいのだと諭される。

写真７　マスジド・ハラーム

アッラーは、夜と昼を仕切られます。（しかし）かれはあなた方がそれを計れないことを知っており、（夜通し礼拝に立てなくても）あなた方を赦されます。だからあなた方は（夜の礼拝時は）、クルアーンのやさしいところを読みなさい。かれは、あなた方の中で病める人もいれば、またある人はアッラーの恩恵を求めて各地を旅し、ある人はアッラーの道のために戦っていることを知っています。だからそれのやさしいところを読みなさい。（衣をまとう者章七三：二〇）

いろいろの義務的な行為や勤行があるが、ほとんどあらゆる場合において実施できないときの補填や代償の行為が定められている。たとえば巡礼という一大行事においては、実施しないとその年の巡礼が無効になるという絶対的な義務が数個はあるが、それ以外の項目や行事の未履行に関しては断食や喜捨で後から補うことができる。しかし絶対条件を満たさない場合は、罰則はないかわりに、その年の巡礼は不成立ということとなり、翌年以降実施し直すこととなる。しかしそれも考えようによっては、年を越した代償の定めということになる。

【註】

（24）Abd al-Bari Muhammad Daud, *al-Haya al-Ruhiyya fi al-Aqida wa al-Aqaid al-Ukhra,* Iskandariyya, Sharikat al-Jalal, 2009. 二四―二五頁。

（25）前掲書『日訳サヒーフ　ムスリム』第三巻、三〇九―三七九頁「功徳の書」参照。

（26）前掲書『日訳サヒーフ　ムスリム』第三巻、三八一―五一〇頁「教友達の美徳の書」参照。

（27）「スッファの民」に関しては、Muhammad Mustafa Hilmi, *al-Haya al-Ruhiyya fi al-Islam,* Beirut/al-Qahira, Dar al-Kutub al-Lubnani/Dar al-Kutub al-Masri, 2011. 二八頁。前掲書、Abd al-Bari, *al-Haya al-Ruhiyya fi al-Aqida al-Islamiyya,* 一二九―一三二頁。

第二章　生きがいと尊厳

（一）生きがい

生きがいという言葉は、日本語ではよく使われる非常に馴染み深いものである。だがこれはイスラームの表現法ではない。イスラームでは、生きる目的、あるいは生きる意味といった用語が用いられることとなる。いずれもほぼ同様のことを指しているのであろう。しかし「生きる目的や意味」というと、恐らく「生きがい」というよりは長期的で抽象的となり、感覚的な部分が少なくなっているとも見られる。

この点イスラームの教科書風には、信心のもたらす力を考えるといった脈絡で次のように概説される。真理、永劫、運命を信じているのだから、信じていないよりも遥かにその人の精神的なパワーがアップされるのだと。また同胞と信心を共にするという力も授かると。またさらにそれらは具体的にも説明されうる。たとえば、物質への拘《こだわ》りを軽減する、言動が誠実になる、真実や権利を擁護しそれらを防衛するようになる、などと。

以上のようにまとめた説明はどうしても教科書的であり、氷山の一角だけを見ていてその裾野までは目が届いていない感が拭えない。それはもともとムスリム向けの言葉であるからそのような調子になるのであろう。そこでわれわれ日本人にもっと納得できるような、足が地についた発想と言葉使いで捉えなおしてみたい。そのために長期的で全体的な視点のものと、より短期的で具象的な二側面に分けて見ることとする。

ア．生きる目的

このテーマについてアフマド・アミーン（一八八六―一九五四）の要領を得た表現の要点をまとめて前述して紹介した。ここではその段落全体を訳出しておこう。

人生に関しては、いかにという方法論はあっても、それはそもそも何なのか、またなぜなのかという本質論は把握できない。また人生は遺伝と環境という二大要因にほぼ規定されているが、これもアッラーの定めた法に則っている。人間を形成するのは、肉体、知性それと心（感性であり直感や霊感）だが、感性豊かに心の嗜好を高めることに真の幸せが見出される。そして人生最高の目標は、文明の害から逃れさせ宗教心を育む偉大な自然にも看取される絶対美に対する感動であり、それを通じて知るであろう絶対主に対する依拠と服従である。こうして何びとにも賦与されている宗教心を育み高めることにより、人生の意味と真の安寧が得られるのである。(28)

生存の真実は信仰によって与えられるのであるとすれば、その信仰を深め高めることに生きる喜びと目的が見出せるということである。それを「心の嗜好を高める」という表現を用いて提示しているのである。

このような立場はムスリムであれば当たり前だ、と言ってしまえばそのとおりかもしれない。しかしここで強調される点は、そのような立場以外には本当の生きる目的は見出せないとしている点である。さらにはそのような見地であれば、人が一生をかけて貫く信条として十分満足も行くし納得が行く、というのである。ここに必要にして十分な人生の指針として語られているということに注目しておきたい。

もちろん様々なムスリムの有識者によってこれ以外の表現が用いられてきたとしても、いずれであれそのキー・ポイントは右の言葉に尽くされている。またそのキー・ポイントはたとえムスリムでなくても、それはそれとして実質的には共鳴するところがあるのではないだろうか。むしろ日本から見て疑問として湧いてくるのは、次の問題ではないだろうか。それは既に見たように多くのムスリムはそもそも生まれた時からムスリムであり、さらには生活全体のあり方からイスラーム信仰を深め高めるのであれば、悪くすると信仰は日常生活の惰性の産物なのではないだろうかという疑問である。

人が長年生きていく上において随時自らを振り返り、はたとその信心を見つめ直す機会は少なくないと想定される。つまり生まれついてのムスリムも慣れ親しんだ生活に流されるのではなく、今一度、何故という設問を自らに発するのが自然であろう。

顧みるに、人類の歴史が幾年月重ねられようとも、誰一人として人生の目的であるとか、それは一体何なのかという本質を知ることができないままに時間は過ぎているのである。また内省を重ねて行くと、人の子として民族、言語の違いを超えて、人間生存の本源的な断面が露呈されることになるだろう。つまり人が生きるということは、究極的には自分一人でもよいから生き続けたいという、生存本能に帰着するだろうということである。

(一) 生きがい

この迷いと反省のがけっぷちに立たされた瞬間に、イスラームは自分一人のあり方を越えて、再度、主の下での人類愛や人間存在全体の見地に立ち戻る契機と指針を与えてくれるのである。真善美を求める人の自然な気持ちにも、それらを総括するアッラーとの触れ合いにより一層の拍車がかかり、揺るがぬ信条に従い生きていることへの充足感ももたらす。言い換えれば、生きる意味、あるいは生きがいが与えられるのである。別の表現であるが、千々に乱れる人の心をはるかに超えて、別次元に立った生活が可能となるのだ、とも捉えられるのである。

イスラームでしきりに言われることは、この世の限りあることと、あの世の永劫であることである。「この世は雪で、あの世は真珠」とは美しい表現の中にこの世の儚さを静かに諭してくれる。かかる事情を真実として直視するがゆえに、生きがいを求めるというように関係付けることもできる。

もちろん歴史的には地獄の業火の恐れと天国の楽園への憧れ、つまり救済されたいという勢いが、現代世界のわれわれの想像以上に強かったと考えられる。人は奈落の底へ突き落とされるのではないかという恐怖に脅かされるほどに、罪に満ち溢れた日々の生活に直面させられ、それほどに厳しい生活が展開されていたのだといえよう。ただこの側面は、現代では遥かにその先鋭さは影をひそめてしまったと考えられる。豊かで穏健な風潮が、少なくも先進工業国では溢れている。また伝統的なムスリム社会でもこのような風潮を指摘する向きは相当出てきている。

以上、信徒の心境について原点に立ち返って述べてみたが、要はムスリムも幼年教育の奴隷ではなく、そこには常に更新であり再生産の過程が見出されるということである。日々生きる人間の心の糧として、生存の深みからの勇気と信念を与えてくれないとすれば、イスラームが何世紀にも渉って不動の信条として掲げられてくることはあり得ないと結論付けられるのである。

イ．苦しさからの脱却

「心の嗜好を高める」という表現の良し悪しや好き嫌いは別としても、それは相当抽象的な把握であることは間違いない。そこでより日常的で具象的な側面からのアプローチも求められるということになるだろう。それがここでいう、苦しさからの脱却という視点である。それが当面の生きる目的となっているケースが非常に多いといえよう。

まず初めに日本では比較的希薄とみられる、罪の意識という苦しさからの救いという点について述べたい。

(一) 生きがい

いうまでもなくキリスト教もユダヤ教もまたそれらを乗り越えたとするイスラームも、中東のセム族から生まれたものであることが、単なる偶然とは見えないというのは著者一人ではないだろう。多くのムスリムの礼拝時に見せる熱気は、他の作業では見られないほどの集中力の賜物である。上目つかいにハッシと空を睨む眼差しと、地にめり込まんばかりに頭を下げ額に礼拝ダコを作っている様は、芸術家が創作や演奏に向かうあの瞬間を十分思い起こさせる。イスラームの力を語る時、彼らの宗教的な民族の能力や特性を印象付けられるというのが正直なところである。

日本人との対比では、セム族は自らの犯した罪の意識がはるかに鋭いのではないかと思われるのである。もちろんその罪とは、心の中の人には見えない部分も大いに含む。この指摘は、昨今は社会全体の穏健化の波が伝統的ムスリム社会にも押し寄せていると上に述べたにもかかわらず、相変わらず当たっているのである。

巡礼の最高潮は、巡礼月の九日午後、アラファートの丘で行われる留礼（ウクーフ）という特別の礼拝である。数時間は荒野において祈り、悔悟し、祈願を続けるのであるが、その間、信者は男性であっても大粒の涙を累々と流すのである。また霏々《ひひ》と泣くほどに悔悟せよと、教えの本にも記されている。常日頃善人と思われる人たちがそのようにするのを見ると、どのような大罪を内心犯していたのかと訝しくもなる。そして一番衝撃的なのは、彼らがそのようになったということよりは、日本人として自らの心中における罪の意識がどれほどなのかと自分で疑わしくなる点である。

他方、わが国で最も研ぎ澄まされた鋭い意識は、罪ではなく穢《けが》れの意識ではないだろうか。それは神道の発想の出発点ともなっていることは、日本人ならば誰しも知っている。また少し古くなるが、米国の人類学者ルース・ベネディクト（一八八七―一九四八）は、日本人の恥の意識が日本文化の機軸であるとした。いずれにしても、これら双方の見方ともに、日本人の罪の意識は語っていないのである。(29)

自からに許しがたいとの罪の意識が日本人には本当に薄いのか、薄いとすればなぜなのかといった問題は、はるかに本書の範囲を超えている。ここでは、セム族を近しく見て気付かせられる点として、右の指摘をするに留めることとする。

以上の罪の意識とは別の、苦しさからの脱却という問題を見てみよう。救いを求める気持ちが高まる原因としては、通常生起するようなあらゆる人生上の苦境が挙げられる。仏教では人生の四大苦を生老病死であるとまとめた。さらには貧困、人間関係など枚挙にいとまがないのが現実である。あるいはそれらは、日々更新され再生産され、結局人の煩悩は限りないということになる。それは世界万国共通の事象であるのは論をまたない。

この苦痛からの救いやその軽減のための嘆願と祈りは信仰の最も端的な発端であり推進役となっている。祈願を多くすることは、大いに勧められる行為である。なぜならば祈願は、アッラーを敬愛するという信者の自然な務めを果たす上で、アッラーを称賛する行為と並んで双璧をなすものであるからだ。あれもこれもお願いしたいという気持ちは、視点を変えればアッラーの絶大な能力を信じてそれに依拠する心を堅持していることに他ならない。それはそれ自体で篤信であるということになる。

苦しさからの脱却が当面の目的であるとしても、それをアッラーに頼り、またさらにそれが実現すればアッラーに感謝するということになる。すなわち自分の生活と意識がアッラーを中心に巡るという状況なのである。こうなるとそれは手段や方法であるとともに、目的そのものと渾然一体となった境地に達しているといえるのであろう。

ウ．祈ること

以上のように生きがいの文脈において祈るという行為が、ほとんど手段なのか目的なのか意識の上で区別されないほどの存在だという結論に導かれた。しかし今の日本からすれば祈りは大切である一方、支柱となる信仰なしに行う場合はいろいろの疑問を残したままになっているとしても不思議ではない。以下は日本の社会で想定される常識的な疑問に応えるかたちで、祈ることについてさらに説明を敷衍《ふえん》したものである。

①祈るとはどうすることか？

祈りは一応「主への人からの内面的な語り」と定義することができる。そうであるならば、祈りもお願いも結局同根であるということになる。それはイスラームの場合究極的には、唯一にして全知全能のアッラーに依拠することであり、それはすなわちアッラーを称えることと同義である。

②祈りだけで現実は動かないのではないか？

信仰の立場からの発想だと、何が現実を動かすというのであろうか。改めて考えてみるとそれは他でもない絶対主アッラーの意思であり、他にはないのである。信者としては善かれと信じるあらゆる努力を払い、それをアッラーに認めてもらい、赦してもらい、最後の日における天国行きの審判についてお許しが出るように祈り、お願いするのである。そして現実が望み通りに動けばそれでよしとして、改めてアッラーに感謝することとなる。

このように見てくると、祈りだけで現実は動くと、直線的には考えていないということになる。なぜならばすべてはアッラー次第だからである。祈りはそのアッラーのお計らいをお願いするという位置付けになる。

③許されない祈りはあるのか？

誤った認められない祈りもある。内容的には直接間接に人に危害を加える祈りは不可（処罰を早めることも含む）、また一般的にあらゆる間違いや罪を祈ることも認められない。

少し細かく分けると次の通りとなる。不信仰、人の死、通例あるいは常識的にあるいは法的に不可能なことやありえないこと、終了したこと、イスラーム法上認められないこと、慈愛に恵まれないこと、不信や犯罪の拡大、慈愛の独占、礼拝指導者が指導してくれているのは自分のためだけだと願うこと、「アッラーがお望みならば」として祈りやお願いに例外条件を入れること、他人に任せること、旋律を付けすぎること、などなどあげられる。騒々しくする祈りなどの作法の違反も、許されない祈りになる。

④祈りが叶えられなかった時にはどう考えるのか？

信者の発想を再び確かめると、何かが叶うというのは、そのようにアッラーが望まれたからである。だから祈りをしたから叶う、あるいは叶わないという理解ではないのである。そこで祈りの結果がどうであれ、アッラーのお計らいであることは変わらない。それはありがたく受け入れることとなる。そしてそれは時として喜びをもたらし、時として人の忍耐を問う試練の機会ともなるのである。人はアッラーに仕え、試されるために創造され、生きているという一事にもどることとなるのである。

コラム　誠実さが基軸(30)

信仰とは、真実であると信じ自らの言動を信心に即したものとすることと定義される。だからそれは、誠実（スィドク）であることが基軸になっていなければならない。慈愛や感謝、そして忍耐など、多々ある倫理道徳的な徳目の中でも、誠実という項目は多くの教科書で最初に扱われるものとなっている。そこで誠実さということをまとめておこう。日本でも昔から、「嘘は泥棒の始まり」などと子供に教えられてきた。このように単純とさえ思われる教訓が、逆にその単純さのためにどこか懐かしい響きもある。隔世の感ありということであろう。イスラームではそれを過去一四世紀の間、日々繰り返し教えてきている。

（二）誠実さの意味

イスラームにおける誠実も正直も、真実と思うところに従って行動し、その真実を他人に伝えることと捉えられる。真実であるかどうかは自分の心で判断する問題である。そこで事態について誤認がある場合は、嘘をついたことにはならない。真実であると信じるもののみに従う決意の基礎は、絶対主であるアッラーへの盤石の誓約である。一方で、誠実であり正直でありたいという願望が、人の天性としても備わっていると考えるのである。

また誠実かどうかは言葉によるものとは限らない。だから心の中で信じていない行為や動作も嘘の一種である。あるいは場合によっては沈黙もそれに入る。例えば自らが罪を犯し、他の人がその咎めを受けているのに知らないふりをすれば、それは不誠実であり虚偽ということでなる。誇張も当然に虚偽であり、逆に過小な表現で一部の真実を全てだと思わせるのも虚偽である。約束の不履行も嘘である。約束は相手に対する権利の付与であり、それは一種の借用としてその返済をしなければならないという取引に例えて説明される。

誠実さは真理と表裏一体である。誠実の本質は、真実を求めて知ることにある。クルアーンには二六八ヶ所に真実、あるいは真理という用語が、名詞（ハック）、動詞、形容詞やそれらの活用形で登場するが、それは真実の基本的重要性を物語っている。

あなたの主からあなたに啓示されたもの（クルアーン）が、真理であることを知る人が、盲人のようでしょうか。確かに思慮ある人だけが、留意するのです。（雷章一三：一九）

アッラーは、蚊やさらに大きなものを例えに挙げることをいとわれません。信者はそれが主から啓示された真理であることを知っています。（雌牛章二：二六）

かれはあなた（ムハンマド）に、真理をもって啓典を少しずつ啓示しました。それ（クルアーン）以前にあったものを確証するため。（つまりクルアーン以前に）かれは律法と福音を啓示しました。それ（クルアーン）以前からの人びとの導きであり、そし

て(さらに今は)善悪の識別を下されたのです。(イムラーン家章三:三、四)

信仰する人たちにはアッラーの教説と啓示された真理に、その心を謙虚にするときがまだやって来ないのですか。(鉄章五七:一六)

(二) クルアーンの用例

誠実と同じ意義を持つ、約束履行、至誠といった言葉は、当然ながらクルアーンには溢れんばかりである。その諸例を見ておきたい。

ア.誠実

まず誠実という名詞形(スィドク)では、わずか一四回しか出てこないが、動詞、形容詞やそれらの活用形を入れて合計一五五回も出てくる。一番多いのは誠実な人(サーディク)という分詞の形で、六〇回登場する。またそれは男性の名前としてもしばしばお目にかかる。

またわれらは、かれら(三名)にわれらの慈愛を与え、崇高な真実を伝える舌を与えました。(マルヤム章一九:五〇)

後世までわたし（預言者イブラーヒーム）が語り継がれるようにしてください。（詩人たち章二六：八四）

これらの人は、われらがその行ないの中で、最善のものを受け入れ、さまざまな誤った行ないは見逃す人たちで、楽園の住人となるでしょう。これはかれらと結ばれた、真実の約束です。（砂丘章四六：一六）

（心よりアッラーの言葉を信じて罪を悔悟する人は）よく耐え忍ぶ人たちで、誠実な人たちで、敬虔な人たちで、（アッラーの道において）施す人たちで、また暁に赦しを請いつつ祈る人たちなのです。（イムラーン家章三：一七）

イ．約束履行

クルアーンには、約束を果たす（ワファー）というかたちでも、誠実さ、正直さを強調する言葉が頻出する。

その（アッラーとの）約束を果たしなさい。その約束は（審判の日に）尋問されます。（夜の旅章一七：三四）

あなた方が話すときは、近親でも公正でありなさい。そしてアッラーとの約束を果たしなさい。このようにあなた方が深く思いに留めるよう、かれは命じたのです。（家畜章六：一五二）

しかも、かれらは決して背き去らないと、以前アッラーに誓っていたのでした。アッラーとの約束には（必ず）応報があります。（部族連合章三三：一五）

写真８　カアバ殿の回礼　著者撮影

次の節は現代語でも何ら感覚的な距離感がない。

信仰する人たちよ、あなた方はどうして口にしながら、実行しないのですか。口にしておいて実行しないのは、アッラーが非常に嫌われます。（戦列章六一：二、三）

ウ．至誠

誠を尽くす、至誠（イフラース）という言葉としても頻出する。

言いなさい。わたしの主は、公正を命じました。そしてどこのマスジドでもあなた方の顔を（アッラーへの信仰に）向け、かれを呼び、かれに至誠の信心を尽くしますと。かれがあなた方を最初に創ったと同様に、あなた方は戻る（復活する）のです。（高壁章七：二九）

他にも、二：一三四、一〇：二二、一五：四〇、二九：六五、三一：三二、三八：四六、四〇：一四、四〇：六五などに、同様に言及されている。これ以上は、自分の手でページを繰ってみるのが、一番であろう。

（二）尊厳

二〇一一年以来のアラブ革命を通じて、「尊厳と人間性を」というのが一つの大きな標語となった。独裁政治の下ではそれらが無視されていたということである。さらにエジプトの場合は、「エジプト人よ、頭を上げよう。」という謳い文句も付けられることが多かった。これは「尊厳」（カラーマ）の主張であると同時に、一九世紀以来のイギリス植民地時代以降に広く見られた従属的な姿勢に釘を刺そうとするものでもあった。「尊厳」はそれほどに長い間無視され、ないがしろにされてきたというのが実感であったのだ。

ところがこの「尊厳」は、イスラームの中で人に関してそれほど叫ばれてきた価値観ではなかった。それはむしろ、アッラーは高貴である（カリーム）、といったときに使用された言葉であり、概念であった。またそれはイスラーム以前から、大判振る舞いで気前がいいといった意味合いで用いられてもいた。そこへ近代の西欧の人権思想の流れで「尊厳」ということがいわれるようになって、ようやくその言葉がアラビア語にも流布するようになったのであった。日本語でもまだ多分に「尊厳」は、翻訳用語の語感が残っているのと同じである。ところが今やそれはイスラームの生活でも一つの中心を占める価値観となったのである。

伝統的には人間に関しては、名誉（イッザ）、光栄（シャラフ）あるいは誇り（ファフル）といった言葉の方が、アラビア語としては「尊厳」よりも違和感がないものである。それらの価値が減少したというわけではないが、アッラーの特性と強くつながっているだけに「尊厳」の方がやはり人間の臭みが抜けて、一段高い次元から見ているという感覚がある。

ア．定義と経緯

日本語でも翻訳調の語感が響くこの用語はどのような意味内容なのかについて、ここでもう一度確認しておきたい。

一般的には人間の尊厳は、人格の不可侵、あるいは基本的人権と同義であると理解されている。日本国憲法の三大原理は国民主権、基本的人権、それと平和主義であるとされる場合も、そのような理解に立っている。さらには、国際連合憲章や世界人権宣言の文言にも個人の尊厳や尊厳と権利の平等といったかたちで高らかに謳われている。したがってその意義は国際社会一般には既に不動のものとして浸透し確立されたものと受け止められる。

それではこれらの概念や価値はイスラームの体系の中ではどのように受け止められているのであろうか。結論としては、それらを是認しつつ、それらはイスラームと軌を一にするか、もしくはその中に元々内在しているという見解が定着しているといえよう。

なお時代的には民主主義の呼び掛けは中東イスラーム世界でも一九世紀以来聞かれること

はあっても、人権や人間の尊厳の主張はそれよりは相当遅れて、二〇世紀後半に入ってから顕著となった。それはソ連邦へ外交的な揺さぶりを掛けようとした西側諸国の戦略的な宣伝でもあったが、九〇年代以降、ソ連邦崩壊後の世界を牽引するためのモットーの役割も果たすこととなった。そんな中、アラブ・イスラーム諸国への圧力も次第に高まり、それは政府レベルだけではなく様々な人権団体などの民間レベルを含む厚い層からなる圧力団体の働きかけが徐々に効果を発揮したものと見られる。

イ．人の格別な地位

イスラームではアッラーがすべての存在を創造されたのであるから、人間もその一部として当然アッラーの被造物であると見ることは広く知られているだろう。そこでここで少し詳細に整理しておきたいのは、そのような存在である人間が占める位置関係と、どのような尊厳と権利が与えられていると考えられるかということである。

人とアッラーはいつも近いところにあるのであり、それは人の体内にまで及ぶものである。

わたしの僕たちが、わたしについてあなた（ムハンマド）に問うなら、わたしは本当に近くにいる。わたしに祈りを捧げる人たちにわたしは応えます。（雌牛章二：一八六）

東も西もアッラーのものです。あなた方がどこに向いても、アッラーの尊顔《そんがん》はあります。アッラーは広大にして、すべてをご存知なのです。（同章二：一一五）

われらは頸静脈よりも、その人に近いのです。（カーフ章五〇：一六）

また人はアッラーの地上における代行者として位置づけられる。

あなた（ムハンマド）の主が天使たちに、わたしは地上に代理者（人間）を置くといわれたとき、かれらは言いました。あなたは、悪を犯し、血を流す者を地上に（代理者として）置くのですか。（雌牛章二：三〇）

是非善悪の判断力と篤信への尽力の能力が与えられているが、それは反面、人に与えられた試練でもある。そのような人に対して、判断力は賦与されることがなかった天使たちは挨拶をして尊敬の意を表することとなる。それはアッラーの命令でもあった。ただしその命に天使たちは当初不服を表したが、結局は悔悟して天国の参拝の館の周りを巡回することとなった。

あなたは、悪を犯し、血を流す者を地上に（代理者として）置くのですか。わたしたちは、あなたを称賛（の言葉）で賛美し、（格別の）清浄さをたたえているのに。（同章二：三〇）

これが天使たちの不満の声であった。また参拝の館を巡ったのが、巡礼行事の始まりであったともされる。また事後、その参拝の館に似せた礼拝所を地上にも建造するように命じられて建てられたのが、カアバ殿であったという次第である。他方そのアッラーの命に終始反して人間への敬意を表さなかったのが悪魔であるという関係になる。

われらが天使たちに向かって、アーダムに平伏《へいふく》しなさいと言ったとき、イブリース（ジンで悪魔）を除いて、かれら（天使）は平伏しました。かれ（イブリース）は拒否し、高慢で不信心な者となったのです。（同章二：三四）

以上がクルアーンを踏まえた筋書きである。しかしアッラー、人間、天使、悪魔という登場者を文字通り具体的な姿で思い浮かべるだけではなく、それらが持つ役割や機能を中心として今少し一般化したかたちで理解することも可能である。つまり絶対的な全宇宙的な体系の主（アッラー）の存在を前提に、その絶対意思を反映し実施するように務める立場の存在（人間）と、その絶対意思を反映するだけの存在（天使）とそれに背くだけの存在（悪魔）に仕分けられているということである。

このような位置関係を踏まえれば、イスラームにおける人間讃美の全体像がはっきりするであろう。知識と愛情やアッラーに近いことや被造物からの敬意を人間に賦与されたが、それらは他の存在には与えられなかったものである。さらには人間には啓示が降ろされたという大変な恵みも与えられたのであった。ということは言い換えれば、絶対主は人間を格別な存在とされたということにほかならない。そこに人間の尊厳の本当の根拠を見出すというのがイスラームの見地である。日本社会の現状からすれば、それは現世的な損得勘定や利益の平等な分配を目途とする感覚ではないということは、強調しておく必要がありそうだ。

真にわれらは、アーダムの子孫に栄誉を与え、またわれらは陸と海においてかれらを運び、数々の良い糧を授け、われらが創造した多くのものよりも寵愛しました。（夜の旅章一七：七〇）

あなた（ムハンマド）は、アッラーが地上のものをあなた方に従わせることや、かれの命令によって航海している船を見ないのですか。またかれは、かれのお許しなくして、空が地上に落ちないように支えているのを見ないのですか。確かにアッラーは、人間に優しく、慈愛深いお方なのです。（巡礼章二二：六五）

そのようなアッラーであり預言者であり信者には、自然と誉れの気持ちを抱くこととなる。

およそ偉力は、アッラーと使徒、そしてその信者たちにあります。だが偽信者たちは知らないのです。（偽信者たち章六三：八）

そして、エジプト革命の標語のように頭を上げることとなる。

一体全体、顔を伏せて歩く人と、まっすぐな道の上を正面向いて歩く人と、どちらがよく導かれるのでしょうか。（大権章六七：二二）

また信者の構成する社会は、およそ地上で最善のものとなるとの信条も伴うこととなる。

あなた方は、人類にもたらされた最善の共同体です。あなた方は正しいことを命じ、邪悪なことを禁じ、アッラーを信仰します。（イムラーン家章三：一一〇）

われらがあなた方（信者）を中庸で正しい共同体（ウンマ）としたのは、あなた方が人類の（信仰の）証人であり、使徒（ムハンマド）をあなた方の（信仰の）証人とするためです。（雌牛章二：一四三）

また当然殺人も自殺も許されない。

アッラーが侵してはならないとされた生命を、正当な権利なくしては殺してはいけません。（夜の旅章一七：三三）

人を殺し地上に腐敗を広めたという理由なく、人一人を殺す者は、全人類を殺したのに等しい、また人一人の命を救う者は、全人類の命を救ったのに等しいと。（食卓章五：

ウ．唯物主義を糾弾するイスラーム

イスラームの発想から人間を把握すると、一番対極に立つのは唯物主義であることは明らかであろう。ドイツの哲学者ニーチェ（一八四四―一九〇〇）が「神は死んだ」と説いたことはあまりに有名であるが、この一言に西洋文明とそれに伴う近代科学主義のすべての流れが注ぎ込まれているとイスラームは批判的に見ることとなる。それは人間のもつ霊的な精神的な側面をすべて否定しているのである。しかしこの流れに沿う日本の現代社会と現代教育に育まれた大半の人々からすれば、イスラームの世界観はおよそ異質であり、ひどい時代錯誤か狂気の沙汰と映る恐れも少なくない。

これら両者に下手な妥協や、甘い歩み寄りは考えられない。ありうるのは、正面衝突による無駄な消耗を避けるための対話である。それは「意見一致しないことを合意する」ような種類の交流ではあるが、それも人の知恵である。イスラームではそれもアッラーが定められた運命であり、そのような試練を経ることを人間に課しておられるのだと理解するのである。またそれは人に忍耐を試みる機会であり、自らの信念を試す場であるとも考えるのである。

唯物主義からすれば物的数的に証明されない事柄には市民権はなく、市民権のないものは誤解と失策を生じる悪魔ということになる。それは人間についていえば、なかでも魂の存在と働きを認めるかどうかという点に掛かってくるとみられる。イスラームはそれを正面から認めるところから出発する。

人間の創造はそもそも魂の人体への導入から始まる。逆に死はその魂が抜き取られることである。体は生きているのに魂が抜け出ようとするので死の苦痛があるとされ、その抜け出る魂を見届けるため死人の目は上を向いた格好になると考える人もいる。

それでわたしがかれ（人間）を形作り、それにわたしの魂を吹き込んだなら、あなた方（天使たち）は跪《ひざまづ》いてかれに平伏礼しなさい。（サード章三八：七二）

魂のことはアッラーにしかわからないとされており、人は詮索することを控えるのが妥当であるとされる。ただしクルアーンや預言者伝承に基づく霊魂論は歴史的に大いに議論されてきたテーマではある。(31)

清魂はわたしの主が扱われる事柄です。そしてあなた方はわずかな知識しか授かりませんでした。（夜の旅章一七：八五）

イスラームからすれば、唯物主義の人生観がどれほどの害毒を社会に流しているか、今の日本を見るならば直ちにうなずけるということにもなる。人が生きてゆく上で、基本的には孤立して生前は何もなく死後も何もないと自己認識して日々過ごすのが現代社会の通常の姿であるとすれば、信仰に基づく生活態度はそれとは正反対となる。

少し繰り返しになるがイスラームの発想をまとめると、時空を超えた存在としてアッラーがおられ、その創造により生まれ落ちた人間の生きる目的は試練に耐えるということであり、その点極めて明確であり迷いはない。生きている間は同胞がおり、相互扶助と相互理解の実があげやすくなっている。そこには孤立感は見られない。そして死後の世界には、天国と地獄が用意されており、何処にゆくにしても現世の積み重ねがすべて清算される結果である。そこは永劫の世界である。

唯物主義が人生の目的を定め、それに目標を与えることは難しい。その場合に人に見られるものは、反射的な喜怒哀楽という動物的な感情だけである。善いことをしても何かの謝礼を期待し、美しいものを生産しても有名になり自分の作品がよく売れることを望むだけに終わるのであろうか。では、その謝礼や高名さや販売促進は何のためなのか。結局人生の目的は金銭と名誉であると信じている人たちが世の中にあまりに多くいるのではないか。それらを現世の欲望であり俗欲として捉え、それらを越えたところに人としての真の目標があるとイスラームは考えるのである。

エ．求められる信仰と実定法の峻別

以上で人間の立ち位置をはっきりさせて、現代のイスラームで広く認められている尊厳の根源が確かめられたかと思う。全宇宙的に尊厳が宣告されているのである。人は全存在の中でも格別の存在であり、それは創造主により保護されているとともに、他の存在物の尊敬するところでもある。

ところで初めに尊厳を定義して、基本的人権と同義であると述べたが、どうもここにきて両者は相当異なる世界にある別物の感が強くなってきたというのが実感である。

その原因は、人権は通常は法律の世界の用語であるが、ここで述べてきたイスラームにおける尊厳は信仰の世界のものであるからである。このことがここで指摘して再確認する必要のある点である。つまり信仰と法律という両世界があたかも融合したか、境界のない一体化された代物のように受け止めるならば、それは大変な間違いを犯すことになる。またそれは現実世界に対しても、思わぬ実害をもたらす恐れもある。

法律は現実的な、あるいは現世的な人間関係や取引における実質上の利益の均衡を図るこ

とを目途としている。公的関係の法律でも、公益という概念の下でその不当な侵害を予防し是正することを目的とするので、利益の均衡という表現で私法も公法もカバーしていると観念することとする。

法律上は、たとえば人格の不可侵といっても結局は当該侵害がどの程度であるかは、実害という数字化された客観的な数値を基準に推論し、その補填を図るため弁償額などの結論に達することとなる。それに対して信仰上の尊厳は、受けた実害がどれほどかは問題ではなく、人としての威信がゆるがせになったかどうかということが問われる論点である。それはいうまでもなく、アッラーの定められたところに照らして推論するのである。そしてそれを犯した者は、民法や刑法上の犯罪人ではなく、信仰上の問題児として扱われるのである。

信仰上のものが実定法によって現実的に確保され擁護されなければ何も意味がないではないか、と疑問を呈する人々が日本社会ならば少なくないことは容易に想像できる。しかしそれは必ずしもそうではなく、信仰上の世界はそれ自体現存するのである。そうでなければ、礼拝も巡礼も固有の価値が生じないことになる。

要するに両世界の概念と価値は混同されずに、峻別されるべきであるということに尽きる。特にイスラーム以外の宗教や信条、そして価値体系を標榜する社会と共存することが避けられない現代という時代ではそれは首肯されるであろう。本来イスラーム自身は、信仰箇条が

（二）尊厳

そのままこの世の規律である姿を求めてきた。しかしそれもそのままはうまく行かないので、元来の神法（シャリーア）の現世版であるイスラーム法（フィクフ）をまとめざるを得なかった。さらにはすべてのイスラーム諸国において、既にイスラーム法に基礎を置きつつも、人定法である実定法制定の時代に入って久しいものがある。このようにイスラームが置かれた環境は根本的に変わってしまったということである。それにもかかわらず、引き続き混同するとすれば、それは一時の興奮は別としても、本質的にもはや許されず論外といわざるをえない。

ただしこのような微妙な論点は得てして強い潮流に流されがちであることも確かだ。それは多くのテロ行為にもみられるように、「正義」とはいっても信仰上のものと、現実世界のそれと区別しないところからかかる暴挙が頻発してきたのであった。彼らは得てして自国の法律についてさえ不勉強であり、イスラームの教説をそのまま現世に適用しようとする性急さと視野の狭さの産物でしかない。

コラム　宇宙と人間創造の様子

宇宙の爆発ですべてが生じてきたという最近の科学的説明が横行しがちである。ここではクルアーンにおける宇宙と人間の創造の描写を中心にまとめる。言葉を字義通り直接に理解するのか、その機能と役割に着目してより構造的に一般化して理解するのがいいのかは、場合によりけりだ。

ア．主の創造

クルアーンの中で語られる最も壮大な物語は、アッラーによる全宇宙の創造とその終わりである最後の審判の物語であろう。渦巻く煙のような混沌の中から創造は着手された。

アッラーは、すべてのものの創造者であり、またすべてのものの管理者です。（集団章三九：六二）

さらにかれはまだ煙であった天に向かい、天地に対して、両者は好むと好まざるとに関わらず、（アッラーに）来たれ（姿を現せ）と言いました。（解説された章四一：一一）

諸天と地を創り、暗黒と光明をもたらすアッラーに、すべての称賛を捧げます。（家畜章六：一）

われらは大地を、寝床にしたのではないか。また山々を、（大地の安定のために）杭にしたのではないか。われらはあなた方を両性に創り、また休息のためにあなた方の睡眠を、覆いのために夜を、生計のために昼を設けたではないか。（知らせ章七八：六—一一）

アッラーは万有の創造主であり、唯一の真の統治者である。創造の起因としては、ただ「有れ」という一言であり、その創造の命令は瞬時に出された。

アッラーは天と地のはじまりです。かれが万事を定めるとき、有れと言えば即ち有

るのです。（雌牛章二：一一七）

本当にイーサーは、アッラーの御元ではアーダムと同じです。かれが土埃《ほこり》からかれ（アーダム）を創り、それからかれはかれに有れと言いました。するとかれは存在したのです。（イムラーン家章三：五九）

またわれらの命令は、ただ一瞥のような一つの命令だけです。（月章五四：五〇）

イ．創造の日数

日数については、次のようにある。

あなた方は、二日間で大地を創られたかれを、どうして信じないのでしょうか。（解説された章四一：九）

かれは、そこに（山々を）どっしりと置いて大地を祝福なされ、（天地創造の二日間を含む）四日間で、その中のすべての求めるもの（の必要）に応じて、お恵みを定めま

した。（同章四一：一〇）

こうしてかれは、二日間の間に七層の天として完成させました。（同章四一：一二）

上記のクルアーン引用文中に記載の日数を単純に合計すると八日間となる。ところがこの記述にもかかわらず、天地は六日間で創造されたことが、クルアーン全体で七回も繰り返し明言されている（高壁章七：五四、ユーヌス章一〇：三、フード章一一：七、識別章二五：五九、平伏礼章三二：四、カーフ章五〇：三八、鉄章五七：四）。

通常は、上記の「解説された章」第一〇節にある四日間に、第九節の二日間が含まれているものとされ、したがって第一二節の二日間と合わせて、全体で六日間に創造されたと解釈されることとなる。ただしクルアーンには、アッラーの一日とは、人間の計算する千年（平伏礼章三二：五）、あるいは五万年（階段章七〇：四）に相当するとあるので、普通の日数計算でないことは確かである。

ウ．大胆にして繊細な創造

アッラーの創造は全体の構築という大規模なものに加えて、最も繊細で機微な側面も同時に達成するものであった。アッラーの九九の美称の一つに、ラティーフ（繊細なお方）というのがある。ラティーフの意味に関しては、二二の解釈があるとも言われるほどである。親切、優しい、審判に際して柔軟、良い糧を多く与えられること、難しいことを易しくされること、などなどである。クルアーンには七回出てくるこの美称の諸例を見よう。

そしてかれはすべてについて明敏（ラティーフ）であり、すべてにお気づきなのです。（家畜章六：一〇三）

かれは、繊細（ラティーフ）にして知り尽くします。（大権章六七：一四）

誠にアッラーは、繊細（ラティーフ）で（何事も）よく知っている方です。（ルクマーン章三一：一六）

誠にアッラーは、繊細（ラティーフ）で（何事も）よく知っている方です。（巡礼章二二：六三）

誠に、アッラーは親切（ラティーフ）にして、すべてをご存知なのです。（部族連合章三三：三四）

アッラーはその僕に対してやさしく（ラティーフ）、御心に適う者に恵みを与えます。（協議章四二：一九）

真にわたしの主は、お望みの人に限りなく親切（ラティーフ）な方です。（ユースフ章一二：一〇〇）

ラティーフがアッラー自身について語られる時は、知り尽くしている、熟知している、の意味に使われ、他方それが人間との関係で用いられる時は、気前よい、優しい、情け深いなどの意味に用いられる。これらの両者を一言で表現する日本語は見当たらない。そこで「繊細な方」として、知識が細かい面と扱いが優しい面の両方を兼ねられるようにすることとなる。

まず万物が創造された様を見て、その微妙さや巧みさに目を見張らない人はいないだろう。大きな樹木全体にバランスがあると同時に、その葉一枚一枚にもまた固有のバランスがある。また信者が善行を行えばそれを十に勘定されるが、過ちは一としか数えられず、人が悪を思い立ってもそれを止めれば一つの善行と数えられる。このような些細な人の心の動きも逃されない。

さらに信者に災いが襲っても感謝し、被害が及んでも辛抱すれば、必ずそれを報われるのである。各民族に対して数多くの預言者を遣わされたのみならず、それぞれに対して異なった試練を与えられた。このような大規模な優しさも、アッラーの業《わざ》でしかありえないのだ。

エ．人と天使と悪魔の創造

アッラーは、人間を最も素晴らしい姿に創られた。

アッラーはあなた方のために大地を安住の場所とされ、大空を天蓋《てんがい》とされ、また、あなた方に姿を授けて、見事な形に作り、いろいろな善い御恵みを与えられた方です。（赦すお方章四〇：六四）

写真９　日本からの巡礼団

確かにわれらは、人間を最も素晴らしい姿に創りました。（無花果章九五：四）

人、天使、そして悪魔の創造の素材については、次のようにある。

確かにわれらは人間を、乾いた黒い泥の陶土から創りました。そしてジン（幽精）は（人間よりも）先に、われらは燃え盛る火から創りました。（アル・ヒジュル章一五：二六、二七）

（かれは）陶土のような乾いた土から人間を創り、また無煙の火の炎からジン（幽精）を創りました。（慈愛あまねくお方章五五：一四、一五）

天使の創造については、次の預言者伝承がある。「天使は光から創られ、ジンは炎から創られ、アーダムはクルアーンに記述されている方法で創られる（即ち、粘土から創られる）。[32]」

また天使の姿は、種々あるようだ。

アッラーにすべての称賛あれ。諸天と地の創造者、二対、三対、または四対の翼を持つ天使たちを使徒としました。（創造者章三五：一）

【註】

（28）拙論、Ahmad Amin on Human Life,『日本中東学会年報』、一〇号、一九九五年。九二頁。

（29）ルース・ベネディクト『菊と刀』長谷川松治訳、講談社学術文庫、二〇〇五年。

（30）本コラムは拙著『イスラームの善と悪』、平凡社新書、二〇一二年、に所収の該当箇所参照。前述の「禁欲」、「悔悟」や後述の「信頼」、「正義」も同様。

（31）たとえば、Ibn Qayyim al-Jawziyya, *al-Ruh*, Amman, Dar al-Bait al-Atiq al-Islami, 2006.

（32）前掲書『日訳サヒーフ　ムスリム』第三巻、八〇五頁。

第三章　幸福と嘉《よみ》し

おそらくこの章に目を運んだ読者の相当数は、日本の現状や果ては自分自らの状態にも鑑みて、幸福というものをもう一度考えてみたい、そしてそれがイスラームではどう理解され、どのように到達できると考えられているかについて、何らかの回答なりヒントを得たいと思われたのではないかと考える。それほどに日本でも身につまされるテーマである。

また当面は日常的な金銭の問題もあり、あるいは社会的な地位が不安定だと感じてそれらの打開を望むものの、しかし果たしてそれらが本当の幸福なのであろうかという一抹の不安を伴ってもいるであろう。つまり、真の幸福とは何か、自分なりに納得したいとの気持ちも決して小さくはないはずだ。イスラームはそれらの疑問や迷いに対して、長い歴史を通じた議論を背景に、一気呵成に応答するだけの蓄積を備えているといえよう。

振り返ってみると、人の幸福を論じることは古来しきりに行われてきた。ギリシアでもソクラテスはじめ多くの哲学者が様々な学派を形成しつつ議論した。幸福は自己に内在するものか、それとも個人を超越したものか、あるいは至上の幸福の境地とは、そして不幸の原因は何か、といった類の諸問題である。

これらのギリシアの幸福論は広くはギリシア哲学のイスラームへの影響の一端として、イスラームの古典でも取り上げられてきた。例えばイスラームの倫理道徳の古典であるイブン・ミスカワイヒ（九三二―一〇三〇）の著作『道徳の修練』においては、アリストテレスの幸福論が正面から取り上げられている。それ自体が目標となる最高の善が存在するという信念の下、人は政治や社会奉仕にも務めることなど理性に従って行動することで幸せが得られる、それは健康、資産、善行の評判、仕事上の成功、そして思考と信念の健全さなどであるという思想が紹介されている。他方それ以前のプラトンらの幸福感は、もっと内在的なものであったという説も言及されている。(33)

ところがイスラームを見ると、肝心のクルアーンでは、幸福（サアーダ）という言葉は一度も出てこないのである。一度は動詞形（サアダ）、一度は形容詞形（サイード）で出てくるのみであって、とても主要な精神生活の基軸としては扱われていない。この状態とイブン・ミスカワイヒの時代の間には、やはりギリシア哲学の導入という大きな曲がり角があったというべきであろう。

そして一旦幸福論の議論が始まるや、イスラームでもかまびすしく論じられる人気のテーマとなった。さらに後の時代には、知識人によって預言者伝承も参照しつつ、その議論は増幅されて行くのであった。著名な中世の思想家アブー・ハーミド・ムハンマド・アルガザーリー（一〇五八―一一一一）も、『幸福の化学』を著している。(34)

この一連の傾向はギリシア哲学の刺激があったと同時に、クルアーン中でも別の用語で幸せの状態を表し、実質的には幸福に関する説諭が進められていた事情も手伝ったと見てよいだろう。それらの用語とは、「善い生活」（密蜂章一六：九七）、「窮屈な（でない）生活」（ターハー章二〇：一二四）、「イスラームに対し開いた胸」（家畜章六：一二五）、「心の安寧」（雷章一三：二八）といったものが挙げられる。

なお以下では幸福の極致として、天上の「至福（トゥーバー）」を語り、地上の「嘉《よみ》し（リダー）」を紹介し、次章では幸福の心境である「安寧（トゥムアニーナ）」に関連して、伝統的な「心の静穏（サキーナ）」と「安心（アムン）」という二つの側面から迫ることとしたい。

（一）幸福

ア．イスラームの着眼点

幸福をめぐる関心のポイントは、ムスリムといっても人の子として「健康、資産、善行の評判、仕事上の成功、そして思考と信念の健全さなど」、ギリシア時代と比較しても元来は大差ないと思われる。ただしイスラームの教えに見られる論法は、いわば消去法である。子供が多いことと財産が豊かであることが、現世的な幸せの象徴のように扱われて、それらの一時的なことを諭す、そして永久の幸せは死後に楽園に入ることであるというのが、クルアーンの主な筋書きである。

あなた方の現世の生活は、遊びや戯れであり、また虚飾と互いの自己顕示であり、財産と子女の多さの張り合いだということを知りなさい。（鉄章五七：二〇）

財産や子女は人の信心を試すものであり、その魅力は誤った道への誘惑であると考えられる。ただしもちろん常識的な意味で資産や子孫が望ましいことは言うまでもない。ここで取り上げているのは、それだけに固執するか、あるいはそれのみを優先する態度は誤道であるということである。

だからあなたは、かれらの財産や子女に惑わされてはいけません。アッラーはそれによって、かれらを現世の生活で懲罰し、かれらの魂は不信心のままで離れ去るようにと望まれているのです。（悔悟章九：五五）

あなた方の財産と子女は一つの試練であり、またアッラーにこそ、そしてかれの御元にこそ絶大な報奨があることを知りなさい。（戦利品章八：二八）

また財産と子女は、最後の審判においてアッラーに対して懲罰を軽減してもらうための言い訳にもならない。

かれらの財産も子女も、アッラーに対しては、少しも役立ちません。かれらは（地獄の）火の仲間です。永遠にその中に住むでしょう。（争議章五八：一七）

また、かれらは言います。わたしたち（不信心で豊かな人々）は多くの財産と子女があるので、苦痛を受けることはありません。（サバア章三四：三五）

アッラーに認められるのは、財産や子女ではなく善行と篤信ぶりである。

あなた方をわれらに近づけるのは、財産でも子供でもありません。信仰して善行に勤

しむ人には、かれらが行なったことの倍の報奨があり、かれらは安全な天国の高殿に住むのです。（同章三四：三七）

以上に引用した章句の他にも、同一の構造や物事の諸関係を維持し「財産と子女」に言及しながら、様々な文言がクルアーンには頻出している。その構造を踏まえれば容易に文言の真意は理解できるので、ここで延々と引用を続けるよりは、後は読者自らの手でクルアーンの該当ページをくっていただくのが一番であろう。それらの章節は、五箇所ほど脚注に記しておいた(35)。

イ．真の幸せ

以上のように「財産と子女の豊かさ」は真の幸せでもなければ、アッラーの下での言い訳にもならないというのがイスラームの見方である。ということは、次の二つのことを意味していると理解できる。

一つには目に見える物的な対象自身は幸せの内容ではないということである。それは直接目には見えなくても、いわゆる科学的な知識についてもいえることである。知識はさらなる不安と動揺の原因でもある。原子力のもたらす膨大な不幸は、あまりに現実感を持つものとなってしまった。知識のための知識ではなく、そこには何か重要な媒介がなければ人の幸せに転じることは難しいのである。それは人間そのものを中軸において、その価値を前面に押し出した物事の判断ということに他ならない。さらにはその人間理解の根本は、創造主が尊厳を持って包まれ、擁護される存在であるということだ。

また目に見えるものが対象でないならば、人に内在する何かが幸せであるということになる。そのことはイスラームの原像として前に見たとおり、禁欲主義的な傾きに内包されていたことでもある。そこで真の幸福として消去法で残されるのは、精神的な清浄さ、心の安寧、魂の安らぎといった表現が与えられる一群の心理的な状態である。ここではそれらを通常の言葉の解釈に止めて先に進むこととするが、もう一度次章で「安寧」を考える際に、さらに一歩突っ込んだ意味内容を把握することとしたい。以上の一群の心理状態の逆としては、次のような不幸の諸相が見え隠れして来る。不安と惨めさ、動揺、心配、心の狭さや生活上の気苦労などである。これらは豊かさ故に生じてくる面もある。

ところで確かに名誉は内在するものともいえる。それは目に見るものでもない。しかしそれは人間関係に依存している。つまり一時的な存在の間における一時的な立場や評価であるということだ。したがってこれもイスラームでは真の幸福ではないとみなすこととなる。人にまつわる過渡的な性格を越えて、恒常的な性格の、何か超越的なものが求められる。それは安定性と確実性をもたらすからである。さらにいえば、本当の名誉は篤信の結果としてアッラーに認められ、楽園に入ることである、ということになるのである。

そこで二つ目の意味として、真の幸せは一時的な現世のものではなく、永劫のあの世にあるということだ。それは信仰がもたらすものであるということに帰着するのである。言い換えれば真の信仰こそは、真の幸せであるということになる。そこにほかでは得られないような充足感と堅固さが与えられるのである。

それでは永劫の幸せとは何かが問題となる。そこでも現世と同じく、精神的な清浄さ、心の安寧、魂の安らぎといった事柄が中心となるが、現世と異なり来世ではそれが永久化されるのである。既に見たように、イスラームの歴史観は現世が極めて瞬時の産物に過ぎないとするところから始まる。


この世の生活は、ただ虚偽の享楽にすぎません。（イムラーン家章三：一八五）

幸福論は現在も日常的な話題として人気があるので、アラビア語のサイトには様々な情報が満載されている。相談事や生活指導のような類もある。そんな中、革命騒ぎが大規模になる少し前ではあったが、二〇一〇年一一月、イエメンの首都サナア市内では説教師が次のような言葉を説いていた。

それはイブン・タイミーヤがシリアのアレッポの砦に投獄されていた時のものであるが、「この世の楽園に入れない人は、あの世の楽園にも入ることはできない。自分の楽園と果樹園は自分の心の中にあるものである。」と。つまり来世も現世も静謐な楽園こそが目標で、それは心の中にあるというのである。(36)

こうなると結局イスラームの幸福論は、通常来世論の一翼として扱われる天国論そのものということになってくる。そこで以下において、イスラームの天国の有様を見ておくことにしよう。

ウ．天国の住人たち

①至福の人たち

天国は篤信の人たちのためであるとクルアーンに言明されている。

あなた方の主からの赦しを得るために、また（アッラーを）意識する人たちのために用意されている、諸天と地ほどある広さの楽園のために、急ぎなさい。順境においても逆境にあっても施す人たち、怒りを押えて人びとを許す人たち、アッラーは（こういった）

善行する人たちを愛するのです。また不道徳や不正を犯したとき、かれらはアッラーを念じ、かれらの罪の赦しを願います。アッラーの他に誰が罪を赦すことができるでしょうか。そしてかれらは（罪を）知りながら繰り返すことはありません。こういった人たちへの報いは、かれらの主からの赦しと川が下を流れる楽園で、かれらはその中に永遠に住むでしょう。善行者への報酬はすばらしいのです。（イムラーン家章三：一三三―一三六）

天国の人たちは次の四種類になる。

アッラーと使徒に従う人は誰でも、アッラーが恵みを与えられた預言者たち、誠実な人たち、真実の証人たち、そして正道にある人たちと一緒になるでしょう。かれらは何とすばらしい仲間でしょう。（女性章四：六九）

（一）幸福

そしてこれら天国の住人の心持ちを表す固有名詞が、クルアーンには一度だけ登場する。「トゥーバー」と呼ばれ、本書の第一部第二章で取り上げた信仰心の三局面の最後のものとして言及した「安心大悟」や「安心立命（トゥムアニーナ）」などよりも一層力強く能動的な心の働きであるとされる。「トゥーバー」には「至福」という日本語が当てられる。それは天国での安寧感と究極感を合わせたようなものと理解され、いずれにしても天国でのみ篤信の人たちが達することのできる心境である。それはまた、地上と異なり永劫の状態にあることも、もう言うまでもない。

信仰して、善行に励む人たちにとっては、至福（トゥーバー）がかれらのものとなり、（そこは）善美な帰り所なのです。（雷章一三：二九）

②アッラーの尊顔を拝し、話しかけられること

天国の人たちは主を直接に公然と目にすることが出来るといい、それは満月の夜に月を見るようなものだとされる。そしてこのことが、主に話かけられることとともに、天国での昂揚する気持ちが最高潮に達する瞬間でもある。クルアーンに次のようにある。

アッラーを意識しなさい。かれに会うことをあなた方は知りなさい。そして（楽園の）吉報を信者たちに伝えなさい。（雌牛章二：二二三）

かれらがかれに会う（審判の）日の挨拶は、平安あれ（サラーム）です。（部族連合章三三：四四）

だから誰でも、かれの主との会見を願う人には、正しい行いをさせなさい。（洞窟章一八：一一〇）

善行をした人には最高の報奨があり、また追加もあります。（ユーヌス章一〇：二六）

その日、ある人たちの顔は輝き、かれらの主を仰ぎ見ます。（復活章七五：二二、二三）

つまり「追加」があるとは、主の尊顔を拝することであると解釈されるのである。
アッラーに話しかけられることについても、間接的な表現だが次のように出てくる。

（そして）誰でも、アッラーの約束とかれらの誓いとを、わずかな値段で売る人たちには、来世において分け前はないでしょう。復活の日に、アッラーはかれらに言葉をかけず、かれらを見ることもなく、かれらを清めることもないのです。かれらには厳しい苦

痛があるでしょう。（イムラーン家章三：七七）

コラム　天国と地獄の様子

以下はイスラームでの標準的な描写である。あの世を語り、思いを馳せることは、単純に教科書を読むということではない。それは現世を考えることの半面であり、実は宗教信仰の基本であり出発点でもある点を、初めに再確認しておきたい。

ア．天国

天国（ジャンナ）はあの世のナイーム（快楽、至福）の世界であり、アッラーが信者のために準備されたところである。そして最大のナイームは、他でもないアッラーのご満悦を得ることである。このナイームは、地上のどのような楽しみも小さく思わせるし、またナイームには天国では呼吸をすること自体がアッラーを称えていることにもなるという面もある。

天国はこの世からは見えないものの一つであるが、信者はその存在を信じ、そこへ入るため善行に励むことが勤めとなる。ただし信者の善行は必要条件であって、十分条件はアッラーの慈愛とお赦しがあることである。

天国には一〇〇ほどのさまざまな種類や段階がある。人がどれだけ善行を積み努力し辛抱したかによって差が出る。特に、良い子供や良い知識を提供したか、日頃の喜捨はどうか、の三点が評価されるが、その判定は最後の審判においてアッラーが執り行われる。

天国への入り方も、ただ入れてもらう場合、次にはアッラーの顔を拝見できる（満月を見るごとくに、アッラーが信者の心を満たすということ）場合、そして最高の形はアッラーのご満悦が得られるというものである。預言者ムハンマドに続いて天国に入るのは、公正で、慈愛ある人たちで、殉教者ももれなく入る。互いの挨拶は「平安あれ、アッサラーム」である。

天国入りの情景は次の通りである。炎の上の橋を渡って溝を渡り、門をくぐって天国に入る。入り口には天使の門番がいる。門は続く形で八個あるが、その門の幅はとてつもない距離がある。そして一つ一つの天はまた、大変な距離で隔てられている。頂上には玉座があり、また下へ流れる川（カウサルと呼ばれるのが知られている）の源泉がある。どの天国にも泉から水と牛乳が流れ、生姜入りのカーフールという飲み物、蜂蜜、酒（この世のものとは異なる）などがある。流れる川と樹木、黄金と銀で覆われた快適な家、またすべては真珠や宝石で飾られ、麝香（じゃこう、ミスク）の匂いがして、何人もの美しく大きな目をした女性が仕える。地上の妻はこれらの女性の長となり、また天国には嫉妬心は存在しない。

果樹園にはブドウ、ナツメヤシ、ザクロなどが生えており、棘のないスィドルの樹木にはリンゴなどがなっている。もちろんこれらは地上のものとは異なっている。例えば樹木の影に入ってその影から出るためには、馬で駆けて一〇〇年は掛かるという。しかもその樹木は黄金である。

透明な城、宮殿、館は幾つもたくさんあり、高い天幕も張られている。というのも全員が身長は三〇メートルほどで、年齢は最盛期の三三歳である。一二回（ラカアート）追加の礼拝をすれば、望みのマスジドが建造される。太陽、月はなく、朝も夕方もない。ただ光が玉座から輝く時が、朝に相当する。

また改悛して地獄から救われた人々もいる。彼らは、地獄上がり（ジハンナミー）と呼ばれ、天国にはふらふらしながら入ってくる。そしてそこで初めて樹木の影を目にすることになるが、天国の楽しい声も彼らの耳には新しい。

天国で眠る人はいない。服装は豪華で宝石で飾られ、生地は絹か錦織である。

以上のようにどの天国であれ、そのあり方や生活はこの世のものとはおよそ異なっている。それはそこが永劫の館であり、至福や快楽の常なるところであるからだ。さらには天国の飲食も快楽のためであって、飢えや渇きは存在しないのである。(37)

ウ．地獄

地獄（ジハンナム、ユダヤ語のゲヘナ）もアッラーが創造されたものであるが、その目的は不信者への報いとして設けられた。不信者は次々と炎の上の橋から落ちてゆく。その下には絶えることのない業火の炎が待ち受けている。そして地獄の入り口には、係りの天使の門番がいる。

地獄は何層もあり、下へ行くほど厳しいものになっている。イブリース、ファラウーン、不信の支配者や邪なイマーム、傲慢な人、嘘つきなど不信仰の罪を犯してそこへ追いやられるものどもは、永劫に生きも死にもしない状態に置かれる。しかし罪滅ぼしをして悔悟するものには、地獄を出て天国に移る可能性も残されている。不信者は頭皮をはがされて、暗黒の中を歩む。

次の一節は、この情景を一番端的に表出している。

災いあれ。悪口や中傷をするすべての者に、財を集めて、計算する人に。かれはその財が、永久に生かしてくれると考えている。とんでもない、かれは必ず粉砕窯《ふんさいがま》の中に投げ込まれる。粉砕窯が何かを、あなたに教えてくれるのは、何でしょうか。（それは）焚きつけられたアッラーの火で、心臓まで登ってきます。それはかれらの上に被さり、高い支柱のようです。（中傷者たち章一〇四：一～九）

さらには不信者の脳味噌は沸騰し、足元にはとがった砂利が敷き詰められ、体からは膿《うみ》が出ていて、着衣は燃える火に包まれている。また口にすることの出来る唯一の食べ物であるザックームの樹木は、棘が一杯あり、それは体内で胃腸を燃やすという。業火は人で一杯になることはなく、収容者数に限界はない。但しこの業火というのは、この世の火とは異なるものである。「あなた方のつけている火は、地獄にある七〇種類の内の一つである。」という預言者伝承もある（アブー・フライラが伝えたものでアッティルミズィー伝承集所収）。

このような地獄の責めから逃れられるように、いつもアッラーの助力をお願いして祈りを上げるのは信者の義務であり嗜みの一つである。その一番典型的なものは次の言葉であり、これは巡礼のときにカアバ殿を回る時、黒石に近づく際にも唱えることになっている。

一方、人びとの中には、わたしたちの主よ、現世でわたしたちに良いものを与え、来世においても良いものを与えてください。そして（地獄の）火の苦痛から、わたしたちを守ってください、と言う人びとがいます。（雌牛章二：二〇一）

（二）嘉《よみ》し

この「嘉し」という言葉は、現代日本語としてはあまりなじみがないかもしれない。しかしイスラームの信仰上は格別の意味合いを発揮しているのである。それはアッラーは信者の篤信振りに満足され、信者はアッラーのあらゆる恩恵に喜悦するという状態を指している。そこで前節の「幸福」の次に取り上げる順序となった。

ア．意味内容

「嘉し」は人間同士に限らず、アッラーとの関係に使用されることが多いだけに、高い調子のニュアンスを持っている。ただし人名としては、この「リダー」は「レダー」、あるいは「レザー」などと音が変わった形で時にお目にかかるかもしれない。

アッラーへの「嘉し」はアッラーへの感謝であり、称賛とも内容は一つで、アッラーとの種々の関係の一側面に過ぎないということにもなる。しかしそれを喜びとして捉えるところに、「嘉し」の独自性があると言える。そしてそれらすべての働きを性格づけるとそれは服従であり、過ちや自分の至らないことへの悔悟であるということになる。よくアッラーに「嘉し」を持てる人は、アッラーに対してよく気がつく神経繊細な人であるということでもある。

嘉しは絶対主の恩恵を授かる場合や、あるいは一般的に信仰を篤くしてよかったと感じる際の大変な喜びである。それは日本仏教的には、何を見ても何を聞いても、ただありがたい、ありがたいと手を合わせる念仏一筋の「法悦」や「歓喜《かんぎ》」と呼ばれるものに近いかもしれない。イスラームの嘉しは喜悦であり、それはこのあとで見るように、至上の幸福の成就であるとクルアーンに出てくる。

この「嘉し」が法悦と区別されるのは、前者はアッラーと信者の相互間のものである点である。アッラーは信者の帰依を愛でられ、信者はアッラーへの服従に喜悦する関係である。双方向であるが、多くの場合はアッラーから信者への方向のものを指して使われる。一方その応用として人間同士の事柄にも、「嘉し」が使われることも少なくない。

（二）嘉し

このようにその意味内容は、多方面にわたっている。

自然や宇宙のすべては驚きと讃美の対象だが、それ自体がアッラーへの喜悦を覚えさせるものなのである。また結果が良いに付け悪いに付け、アッラーに感謝しアッラーを称賛する気持ちがベースになる。悪いと思ったことに本当は良いものが潜んでいるかもしれないのは、存在の一部が悪くてもそれ以外に良い部分が多々あることがあるからだ。例えられるのは、ちょうどそれは、危険なしに勇気もありえないことや、きついことがなければ忍耐の出番がないのと同様であるとも言われる。「人間万事塞翁《さいおう》が馬」という中国の逸話のように、人間には物事の良し悪しが本当には見極められないと観念するのである。そこでまた、アッラーへの称賛であり、その顛末に喜びが生まれるのである。

以上に加えてさらに、詳論も行われている。「嘉し」を二つに分けて考えるのである。一つはアッラーの命に従う場合で、それは義務である。二つには艱難辛苦に耐える場合だが、それを義務とする人もいればそれは勧奨される事項だとする人たちもいる。忍耐はクルアーンで勧められているので、そのような解釈が出てくる（イムラーン家章三：一二〇、赦すお方章四〇：五五など）。そしてそれも嘉しであるとするのである。つまり感取できる人にとっては、アッラーの定め全体が嘉しの源泉となるのである。

次に視点を転じてアッラーとの関係ではなく、「嘉し」が人間関係に適用される場合であるが、それは満足の感覚に例えられる。金銭、健康、子供、名誉などを人は欲する。しかしそれらは得られると逆に苦難の原因となることも多々見られるケースである。そこで真の満足はそれらを適切に享受するところにあり、それこそが人生の知恵というものであり、またそれが賢者の選ぶ選択肢であるということになる。そのために節度というものを知る必要が出てくる。

そこで節度とは、適切な禁欲という意味になる。強欲、低俗、野卑などの反対である。それには種々の心理が複合的に働いている。例えば、欲を抑える忍耐と連動し、欲に従った場合の悪影響への恐れとその際の羞恥心もあり、あるいは我慢することへの報奨の願望や正しいことへの希求の心、謙譲、寛大さなども働いている。

禁欲により例えば安心を覚え、欲望からの解放を楽しんでいるのであれば、それは新たな欲を満たしているのに過ぎない、そこで節度とは自分の心の管理、監督の問題であるということにもなる。イスラームには聖職者はいないが、それも信徒を極端な信仰に駆り立てる階層を作らずに、節度ある信仰を維持するためだと説明される。

喜悦や嘉しや満足は物事が終了したあとの結論である。物事が始まる前にするのは、アッラーへの依拠（タワックル）である。依存であり、帰依ということになる。物事が生起するのに順序と秩序があるので、この点は注意する必要がある。

イ．クルアーンの諸例

クルアーンには「嘉し」という名詞形では登場しないが、その様々な活用形で七三回も出てくる。しかも嘉しが持っている種々の意味合いが峻別されないで出てくるので、以下ではそれを整理しながら一覧してみよう。

まずアッラーと人間間の双方向を指していることが、以下の箇所から確かめられる。

アッラーはかれらに満悦し、かれらもまた、かれに喜悦します。これこそが大勝利なのです。（食卓章五：一一九）

アッラーはかれらに満悦され、かれらもかれに喜悦します。これらはアッラーの側に立つ者です。確かにアッラーの側に立つ者こそ、成功者なのです。（争議章五八：二二）

リダーという名詞形ではないが、リドワーンというリダーを強調した名詞形は一三回も頻出するので、その一例を見てみよう。その心境は至上の幸福の成就であるとされている。

アッラーは、男性の信者と女性の信者に、川が下を流れる楽園の中に永遠に住むことを、約束しました。また永遠の楽園の中の、すばらしい住まいを約束しました。でも最高のものは、アッラーのご満悦（リドワーン）です。これこそが偉大な勝利なのです。（悔悟章九：七二）

次は人間界の場合である。まず人間同士の納得ゆく合意を指している場合である。

でも婚資（を定めた）後、互いにそれについて（変更の）合意をしてもあなた方に罪はありません。（女性章四：二四）

あるいは、我々が一番普通に満足するという言葉を用いるケースと同様な場合もある。ところが現世への満足は、クルアーンにおいてはほとんどが批判の対象として現れるのを見ておこう。

あなた方は来世よりも、現世の生活を喜ぶのですか。しかし現世の生活の楽しみは、来世に比べればわずかなものにすぎません。（悔悟章九：三八）

それ（施し）を分け与えられるならば、かれらは喜ぶが、分け与えられないならば、怒り出します。（同章九：五八）

本当にわれらとの会見を期待しない人たち、現世の生活を楽しみ満足している人たち、われらの印に留意しない人たち、これらの人たちは、自分が稼いできたことのために、その住まいは（地獄の）火です。（ユーヌス章一〇：七、八）

ウ．生活上の功徳

同じ喜びであっても求めるのは終局的には、アッラーとの関係におけるそれであることを意識させられるところに、信仰を持って「嘉し」を知る意味があるということになる。ただの肉感的、生物的な快楽や満足とは区別しつつ、次元の異なる喜びに表現と形式が与えられているのだ。

嘉しという言葉を通じて、この世の快楽は質も量も限界があり、現世の喜びは一時的なものだという性格を十分踏まえることにもなる。あるいは自分が望むほどには満たされなくても、より終局的な喜びを念頭に置きつつ我慢することを知ることとなる。

さらには嘉しの意識と心境は、不正に対する戦いの活動力を生み出すこととなりうる。不義を控えて、しっかりした正しい物事の礎を築く姿勢を我がものとすることとなるのである。

なぜ、あなた方より以前の世代には、われらが救ったかれらの中の数少ない人たちを除いては、地上の腐敗を禁じる人たちが、ほとんどいなかったのでしょうか。（一方）不正を行なう人たちは、贅沢に溺れた罪深い人たちでした。（フード章一一：一一六）

それでアッラーを意識し、かれのご満悦を求めてその建物を建立した人が善いのか、それとも崩れそうな崖のふちにその建物を建立した人で、それと共にその地獄の火の中に砕け落ちる人が善いのか。アッラーは不正の人びとは、導きません。（悔悟章九：一〇九）

コラム　繰り返しの日々

イスラーム信仰の固有の思考パターンは、繰り返し論法である。

イスラームが基礎とし、その背景に持っている社会、言い換えればその文明的な成り立ちが現代日本とは非常に違っているということは言うまでもない。その点、今の日本は未だに明治以来の近代化路線の延長上にあると言えるだろう。それと際だって対照的なのが、イスラームの世界ということになる。

クルアーンが分かりにくくて読みづらいとされてきた一つの大きな理由は、その全体の流れが把握しにくいという事情がある。確かに著者自身、クルアーンが引用されているものを見ると、いつも非常に短い句や節が前後の脈絡からは切り離されてぷっつりと記されているのに、少なからず違和感を覚えさせられてきた。他方アラブ民族の思考様式として、一つ一つ、そして一瞬一瞬に移り変わる姿がすべてであり、全体の流れや内在する連関性に注意を払うことがないという特性があるとされてきた。そしてそれは砂漠生活の特徴として、刻々と速やかに変化する大自然の中で培われた生活感覚に支えられたものであるともされた。

このような非連続的な存在感は、ばらばらであることをもって自然と受け止めるので、「原子論的存在感」とも称された。例えば、千夜一夜物語のように、一夜毎の小話の連続に終始して、全体を覆うストーリーや哲学には無頓着であるというのである。そしてこの原子論的存在感覚は、クルアーンにも妥当しており、したがってそれは片言隻語のような短い表現のばらばらの集積であると説明することになる。しかし他方では、あれほど信者の心を捉えて離さないクルアーンは、本当に小さな切片の積み重ねに過ぎず、全体の構成や流れは無視されているのであろうかという疑問は、半世紀に渉って著者の心の中を去来してきたのであった。

そんな中、一つの重要な節がクルアーン自身の中に埋め込まれていることに、クルアーンの和訳作業をしていて改めて気が付いた。

アッラーは最も美しい教え（クルアーン）を、互いに似た（一貫した比喩を）繰り返す啓典で啓示しました。（集団章三九：二三）

繰り返すような話法や論法は現代の日本、あるいは現代文明の中では非能率の象徴のようなものであり、むしろ積極的に拒否され、一段低い思考様式、あるいは低いレベルの頭脳の働きと見なすのが普通だろう。能率優先であり、その中には進化であり進歩が実現されているというイメージが、現代では普通に歓迎される。しかしよく考えてみると、クルアーンの繰り返し論法はそれを好むかどうかは別問題として、一つの立派な流れを構成しているのであり、確固たる構造の基礎をなしていると見なすべきなのではないか、とも気付いたのであった。こうなると「原子論的存在感」は暴論であり、異文化の上滑りな観察結果以外の何物でもないということになる。

話の鮮やかな展開ではなく、繰り返される中から出てくる微妙な変化や、グラデーションを楽しむ文化ということ。そのことは、アラブ音楽のメロディーの特徴としても想起されるので、納得される読者は少なくないはずだ。こういった状況は、明らかに正反合という三段論法の進化論的近代欧米社会ではないものである。

最後に少々実験をしてみたい。「信仰という心の営みは、決して一つの終着駅に向かっているものではない。多種多様な現象を通過する日々は通過地点であるが、同時に毎日が終着駅である。」こんな一見矛盾しているような表現は洒落ているわけでも、何でもない。これは繰り返し論法の、表現の微妙な差違を味わうという側面と、日々は繰り返しであるという発想に基づいていることはもうお判りであろうか[38]。

【註】

（33）ibn Miskawaihi, *Tahzib al-Akhlaq*, ed. by Muhammad Salman, al-Qahira:Dar Tayyba lil-Nashr wa al-Tawzi', 2010. 九〇—九一頁。

（34）Abu Hamid al-Ghazali, *Kimiya al-Saada*, al-Qahira, al-Muqattam, 1900. なお幸福論の関係書については、次の書籍に相当網羅的なリストが出ている。Abdullah Muhammad Ghanim al-Amiri, *Al-Saada fi al-Manzur al-Islami*, Beirut, Dar Ibn Hazm, 2005. 二四五―二五三頁。

（35）イムラーン家章三：一〇、悔悟章九：六五、諮問される女性章六〇：三、偽信者たち章六三：九、互いに無視する章六四：一五など。

（36）http://olamaa-yemen.net/main/articles.asp?article_no=3858, 二〇一二年八月一四日検索。

（37）「天国にあってこの世にもあるのは名前だけ」（イブン・アッバースやアルバイハキーらの伝承）と言われる https://www.islamweb.net/ar/fatwa/310660。同じ用語であってもその意味内容は異なっており、全く異次元なあの世のものとして了解する必要がある。このような言葉の用法は「立証のための言語（カラーム・ダラーリー）」と呼ばれている。アラビア語では、言葉の意義（マアナー）、音声（サウト）、心理的（ナフスィー）効果という三つの用法と並置させられるもの。「立証のため」を単なる比喩と考えると、まだ発想はこの世の範囲に留まっている。全く異次元なあの世のものとして、一種のひらめきによる認識が求められているということになる。

（38）前掲書『クルアーン―やさしい和訳』より抜粋、五九五―六〇〇頁。

第四章　安寧

イスラームの挨拶は「あなたに平安あれ（アッサラーム・アライクム）」であることは日本でもよく知られるようになった。さらには天国での挨拶もそれと同じだということは既に前述した。それほどに平安は強調され、求められているのである。その淵源は日本が戦後掲げた平和主義よりも遥かに歴史は長く、日常の生活実感に深く根ざしているものでもあるといえそうだ。

幸福を考えてみてそれは結局、精神的な清浄さ、心の安寧や平安であるとイスラームでは考えることを前章で述べた。そして信者の至上の幸福の成就は、「嘉《よみ》し（リダー）」と称される状態であることを明らかにした。また天国ではそれが永劫のものとなり、「至福（トゥーバー）」と呼ばれることも述べた。しかしそれではそのような一群の心のあり方はどのように整理されて、互いに関係しつつ構成されるのかを、今一度、突っ込んで見てみるのが本章の課題である。

そこで中核となる用語として、「安寧」に焦点が絞られることとなる。安寧（トゥムアニーナ）は信仰心の三局面を策定した際に、究極の状態を指し示す用語でもあった。本書第一部において、第一には悪に傾きやすい（アンマーラ・ビッスーィ）、第二には意識して身を正す（ラウワーマ）、そして第三には安寧（トゥムアニーナ）であるとしたのであった。そのことからしてもすでに、安寧が信仰のもたらす最も安定した心境であろうことは、直ちに見て取れるところである。それではその内実はどのようなものなのであろうか。

まずクルアーンにおいては、この安寧という用語はトゥムアニーナという名詞形では一度も出てきていない。その動詞形や分詞形では出てくるが、それもたったの一三回に過ぎない。それらのいずれにおいてもその意味は、平静、安静や安心を覚えるといったあたりであり、ほとんど一つの語義にまとまっているといえる。

アッラーの印を信じない人たちは、ただ嘘を捏造する人で、かれらこそ虚言の人たちです。ただしアッラーを信仰した後に棄教した人でも、（それが）強制された人で、また心は信仰で安心大悟の人は別です。（蜜蜂章一六：一〇五、一〇六）

このようにクルアーンでは大きくは扱われていないのに加えて、時にそれは現世的な欲望に浸って安んじている（イトゥマアンナ）のような場合にも使用されている（ユーヌス章一〇：

七）。したがってそれはいわば地盤が非常に弱い用語であり概念であるということになる。それにもかかわらず信仰の究極の心境として取り上げられ、幸福の中心概念に祭り上げられているのである。このあたりは後代の知識人たちの思索と研究の成果であるということになる。

そこで次には、クルアーンや預言者伝承に沿った形で、実質的に安寧がどのように扱われているかについて注目してみたい。それには「心の静穏」という観点と「安心」を得るという二つの側面に注目することとなる。それら両者は、「安寧」よりもはるかにしっかりと原典に根拠を置くという意味で、伝統的な地歩を占めているといえるのである。

（一）心の静穏

安寧に関連するものとして初めに取り上げたいのは、心の静穏（サキーナ）である。その言葉はよくアラビア語で女性の名前としても用いられるので、あるいは聞いて馴染みのある人も少なくないだろう。

ア．逸話の紹介

心の静穏については、預言者ムハンマド自身が語った「天使に胸を開かれる」と題する、次のような出来事が伝えられている。サキーナをめぐってあまりに有名な逸話なので、まずここにその抄訳でもって荒筋を紹介しておきたい(39)。

ある男がアッラーの御使いに、「アッラーの御使いよ、あなたの最初の奇跡的な体験は、どのようなものでしたか？」と訊ねると、御使いはこう答えられました。

「ある時、私と私の乳母の息子は子羊を連れて出かけましたが、食べ物を持ってなかったので、私は彼に、『兄弟よ、お母さんのところから食べ物を持ってきてください。』と言いました。

そこに鷲のような白い二羽の鳥が近づいてきました。そして片方の鳥が相手の鳥に『あれが彼ですか？』と訊くと、相手は『そうです。』と答えました。すると二羽は近づいてきて私を捕らえ、私を仰向けにして腹を割りました。それから心臓を取り出して割り、そこから黒い二つの凝血を取り出しました。

すると、片方の鳥が相手の鳥に、『雪水を持ってきなさい。』と言い、雪水で私の腹の中を洗いました。そしてさらに、『冷水を持ってきなさい。』と言い、冷水で私の心臓を洗いました。次に、『サキーナ（静穏）を持ってきなさい。』と言い、それを私の心臓の中に植え込みました。そして、片方の鳥が相手に『縫い合わせなさい。』と言うと、相手の鳥は縫い合わせ、その上に預言者の印を押しました。

それから片方の鳥は相手の鳥にこう言いました。『彼を天秤の片方に置き、そして彼のウンマ(共同体)の一〇〇〇人の人々をもう片方に置きなさい。』私は自分の上方に一〇〇〇人の人々がいるのを見て、彼らが私の上に落ちて来るのではないかと恐れました(一〇〇〇人の人々を乗せた秤はその人数にもかかわらず、御使いと比べて軽すぎ、持ち上がってしまった)。それから二羽は私をそこに置いたまま飛び去りました。」

次いでアッラーの御使いはこのように話されました。

「私はとても激しい恐怖を感じ、その後、乳母のもとへ戻って自分が体験したことを話しました。すると乳母は、私が悪霊か何かに取り付かれたのではないかと恐れ、『アッラーがあなたを守護してくださいますように。』と言うと、旅に出るために駱駝の準備をしました。それから私を駱駝の上に乗せ、彼女は私の後ろに乗って出発しました。そして私の実母(アーミナ・ビント・ワハバ)のところへ到着すると、乳母は実母に、『私は自分に課せられた信託と責任をきちんと果たしました。』と言って、私が体験したことを話したのです。しかしその話に実母は驚かず、このように言ったのでした。『この子が生まれた時、私は彼から光が放たれるのを見たのですが、その光はダマスカスの宮殿を照らしたのです。』」

ここには三つの奇跡が語られている。サキーナを心臓に埋め込んだこと、幼い頃の預言者一人で共同体全員より重量があったこと、そして生誕の際預言者から遠方へ光が放たれたことである。預言者であるからいろいろ特別の扱いを受けることとなるが、ここでは奇跡が史実かどうかを問うのが趣旨ではない。ポイントは、児童の心に若年ながらサキーナがしっかり植え付けられたことが預言者の特徴として特記されているという事実に注目しておきたい。それほどに、サキーナが預言者足らしめる特徴として取り上げられているということである。

最後に触れておきたいことは、「静かに、静かに」と預言者が人々に呼びかけられて有名になった場面である。それは巡礼の最高潮である巡礼月九日のアラファートの丘における半日にわたる荒野での礼拝の後、日暮れと共にムズダリファの地点に移動して、野宿をする儀礼の際であった。それはイスラーム以前から急いで移動するのが慣習とされていた。しかしそれは疲れた中、混雑と石だらけの路面を走ることとなり危険であり、またイスラームの信仰上は格別の意義は与えられていなかった。そこで預言者は「静かに、静かに、敬虔さを忘れないように」と人々に呼びかけられたのであった。

そしてこの「静かに、静かに、敬虔さを忘れないように」という呼び掛けの言葉は、むしろ巡礼全体における戒めの意味をもって使用されることも多くなった。その延長として援用されたのが、二〇一一年のエジプト革命以降であった。マスジドにおける金曜礼拝などでは、しきりに説教の中でこれを耳にすることとなったが、それは人々に対して革命の行動の日々は過ぎたので、これからは「心の静穏」を忘れないようにして、建設の日々に移るよう訴える意図で使用されたのであった。

イ．静穏と人間の天性

静穏の意味は不安、動揺、迷いなどの反義語として、一般に理解されるところと表面的には大きく変わりはない。それはクルアーンには六回出てきているが、その活用形などを入れると六九回も頻出している。

あのとき不信心な人たちは、心の中に傲慢の念を燃やしていました。（イスラーム以前の）ジャーヒリーヤ時代の無知による傲慢の念です。それでアッラーは、使徒と信者たちの上にかれの静穏（サキーナ）を下し、かれらに（アッラーを）意識する（篤信の）言葉を守らせました（勝利章四八：二六）

この他、追手から逃れるために洞窟に身を隠したとき（悔悟章九：四〇）や、フナインの戦いで劣勢にあったとき（同章九：二六）などにも、アッラーは静穏を預言者や信者に送られて、急場をしのがせられたのであった。

しかし次の段階に進む頃からは、言葉の表面的な理解だけでは咀嚼《そしゃく》が難しくなってくるのである。つまり、静穏がなければ真の信仰はなく従って真実を知ることもなく、信仰なくしては真の静穏を持つことがないので幸福もないという論理の展開になるのである。信仰と静穏の両者はいわば鶏と卵のような関係ともいえる。

この間の諸関係の理解を一歩進める鍵としては、人間には天性（フィトラ）があるという考え方があり、それを前提とした人間理解が求められる。それは人、あるいは万物には自然であり、天然の均衡と循環が予定されているという見解である。人には業《ごう》があるという表現であれば、日本語としてはもっと馴染んだものになるだろう。本書のはじめに見た、鈴木大拙の議論でも人には現実以外のあり方を思い描く能力が与えられているので、現実との距離が悩みとして出現せざるを得ないように出来ていると述べていた。それは「人の業」とも呼べるとしていた。

それがイスラームでいう人の天性である。人は自ずと迷うし、迷えば信念やひいては信心を持ちたいとするが、それは天性に基づいているのである。同時に不安や動揺ではなく、平常心を求めるがそれも天性に基づいている。このように天性を基軸として自然に求めることとなる静穏がなければ、天性は稼働状態でないので同じく天性に基づく真の信仰は不確実となる理屈である。そして、信仰により自らの存在を人の生存の真髄に結ぶことがなければ真の静穏を持つことはないという結果になるのである。

だから、あなたの顔を一心に教えに向けなさい。（その教えは）アッラーが人間に賦与された天性（の宗教）なのです。アッラーの創造したものに変更はありません。それは正しい教えです。（東ローマ人章三〇：三〇）

どうしてそのような天性が人に賦与されることとなったのかは、世の東西を問わず人間自身が問い詰めることは難しい分野の事柄である。なぜならばそのように創るべき主が創られたから、としか言いようがないからである。

われらは天と地、そしてその間にあるものを、無目的には創りませんでした。（サード章三八：二七）

われらは諸天と地、そしてその間にあるすべてのものを、戯れに創ったのではないのです。まさに諸天と地とその間のすべてのものは、真理によって創りました。だが、か

れらの多くは理解しないのです。（煙霧章四四：三八、三九）

宇宙万物の複雑にして微妙なバランスに目を見張り、その事実をあるがままに受け入れる素直さがイスラームの出発点であるともいえよう。それにより世界を知り存在の神秘に触れることができ、教えに従えばまやかしを排除して善に導かれるという手順になるのである。それは天性に従うとともに、イスラームでいうところの理性にも従っているのである。それですべてが明徴に説明され尽くしているので、それは理性であるということになる。

ただしイスラームは理性万能主義とは一線を画しており、大いに理性有限主義である。それには場所的時間的、体力的資金的などなど、あらゆる限界が待ち受けている。そこでそれと相互補完関係を持つのが、人の感性であり直覚である。感覚も重要な真理到達のために賦与された手段である。それは、「アッラーは、諸天と地の光です。」（御光章二四：三五）とはいっても、光を認識するのは視覚であることからも明らかである。事実感覚的なアプローチの方が基本であり、的確だと示唆する文言もクルアーンには見いだせるのである。

それであなたに啓示したものを、しっかりと守りなさい。真にあなたは、正しい道を辿《たど》っているのです。（金の装飾章四三：四三）

こうしてこの世はすべてアッラーの慈愛の表れということになり、人の受けた生はアッラーの信託により地上の後継者の役割を受け持ち、人の死は現世の試練の打ち止めであり、やがて清算の日を迎えるということになる。そしてイスラーム信仰はこの世とあの世の両世界にまたがり、明確にその成り立ちと顛末を教え示してくれるということになる。

このようにイスラームは簡明な構成ではあるが、非常に奥深い内容を持っているというべきであろう。深玄という言葉がピッタリであろう。しかしこれ以上この方向の話を続けると、それは他でもない信仰論であり、イスラームの神学など止めどもなく本書の本題から離れることになるので、ここらで停止しなければならない。しかしこの程度に信仰自体の話に突き進むこととなるのは、この「心の静穏（サキーナ）」という概念が持っている特質のせいである。つまりイスラームの他の精神生活の諸側面よりも、信仰そのものの根幹と直結しているということである。

ウ．静穏は迷いのなさ

信念をもって静穏を保つことは、裏から言えばそれは迷いや不安がないということである。それが幸福であることは議論も証明も必要ないところであろう。迷いが広がれば、生きる目的や生きがいとは何か、あるいは生は現世のみで死後はどうなるのであろうか、などの妄想が湧いてくる。静穏は付和雷同の処世術を卒業することも意味しうる。

これも知られた逸話であるので、手短かに紹介しておこう。

ロバに父親が乗り、息子がその後ろから歩いていた。そうすると通りすがりの女性のグループが、かわいそうに、と言って非難の声をかまびすしく上げた。そこで乗り換えて、息子が乗って父親は歩くこととした。そうすると動物愛護の一団に出会った。今度はロバが可哀そうだという、かれらの非難の声が聞こえてきたので、二人とも歩くこととした。ロバも含めて全員が歩いているので、次にはいたずら坊主の子供たちの茶化す声が聞こえてきた。息子は面食らってしまって、ロバを二人で背負うように父親に提案した。そこで高齢の父親は、そんなことをしたら二人とも疲れるだけではなく、人々はロバに乗っているべき人間に乗り物が担がれているとして、私たちを気違い扱いするだろうと諭した。そして言った、息子よ、結局は人の言うことに振り回されて、世間様におもねったり喜ばせようとしても仕方ないのだよ、と。(40)

寄らば大樹の影であるとか、長いものには巻かれろといった諺が日本では通用している。

事実周囲を見ての協調性の重視は、日本の学校教育の筆頭に出てくる方針のひとつであろう。しかし同時にそれに対する反省もしきりである。それは結局、悪貨は良貨を駆逐して低きに付くこととなり、切磋琢磨の国際社会ではむしろ不利さを招くし、日本の孤立状態を招く恐れもあるのだ。それに対する反省材料にもなるかと考えられるのが、このイスラームの逸話である。

真に迷いのない人生を歩みたいと願うことは、幸福であり、生きがいであり、人としての尊厳の追求でもある。それらすべてに通底しているのは、迷いのない静穏と、それと手を組む信仰心で組み立てられている、ひとつの構造であるということは、既に明らかであろう。以前にもクルアーンの次の言葉を引用したが、もう一度掲げておきたい。

一体全体、顔を伏せて歩く人と、まっすぐな道の上を正面向いて歩く人と、どちらがよく導かれるのでしょうか。（大権章六七：二二）

クルアーンでは、迷いのない道をまっすぐな正しい道とも表されている。それを求める気持ちのいかに強いことか、なかなか今の日本からはその全幅の願望を想像し理解することは容易でないかもしれない。複雑な仕組みと諸関係の中をなんとか卒なく乗り越える技術のような世渡り上手の方が、遥かに理解容易であり、学ぶ点があると思われがちだからである。イスラームはそれとはまるで逆の発想と立ち位置を占めることとなる。このように人生観や処世観が相当かけ離れていることも、日本でイスラームを理解困難とされる大きな理由であろう。

（わたしたちは）あなただけに仕え、あなただけに助けを求めます。わたしたちをまっすぐな道に導いてください。その道とは、あなたが恵みを与えた人びとの道であり、（それは）怒りをかうこともなく、迷ってもいない人びとの道です。（開巻章一：五、六、七）

これが実にクルアーンの第一章を飾る言葉なのである。

エ．静穏と祈り

第一章の「生きがい」の脈絡において、祈りは大きな役割を演じていた。ここでテーマとなっている心の静穏との関係でもそのことはほぼ同様であることを、改めて確認しておきたい。

祈りはアッラーに対しての帰依の行為である。その意味は、アッラーの絶大なることを認め、至誠を尽くしてその体制と命令に従うことを表明するのである。そうすることは自然の哲理に沿うという意思表示であり、それは素直さ以外の何ものでもなく、何ら無理難題を強いられる話ではない。アッラーに対するお願い事もあり、それをたくさんすることは依存度が高いことでもあるので奨励されている。

祈ることは、新たな生活への活力を生み出すので生きがいとつながる。また規則正しく同じテンポで同じ動作をしながら同じ言葉を繰り返すことは、信者の心に静穏を取り戻させる。

祈ることは一つの表現方法であると見るならば、それによって心が解放されるかもしれない。また人と一緒に祈ることで、自分が孤独でないことを実感することとなるであろう。あるいは少なくとも、アッラーとの直接的な心の対話の機会であり、やはり孤独でないどころか守られ支援されていることを実体験するのである。

祈りによってそれまでの多数のムスリムと共同社会に共に居ることを想起することとなるので、世界史的に心も視野も広がるのが実感できる。それはその人を一層広い世界に押しやり、一層深い意味のある生活を展開することを可能にするのである。

祈ることはその人の家族や交友関係の中における立場を確かめ、その責務を改めて確認する機会となる。自分は一人でないことはもちろんであるが、それは自らの責任の重さも改めて認識させるものである。

祈りにより、過去へのこだわりを克服し、現在への不満を解消し、未来への不安を除去してくれる働きがある。祈りによりアッラーがすべてを知られた上で、すべてを差配され決定されていることを心に刻むことができるからである。
自分の力で何とか事態がなるのではないかと思う人の心を、アッラーは試されているのである。

地上において、またあなた方の身の上において起こるどのような災厄も、一つとしてわれらがそれをもたらす前に、書板に記されていないものはありません。それはアッラーには容易なことです。それはあなた方が失ったものに悲しまず、与えられたものに喜びすぎないためです。アッラーは、自惚れの強い自慢気な人を好まれません。（鉄章五七：二二、二三）

もしあなた方が家の中にいたとしても、死が定められたなら、必ずその人の死に所に出て行ったでしょう。（イムラーン家章三：一五四）

どんな災厄も、アッラーのお許しなく起きることはありません。誰でもアッラーを信

仰する人は、その心を導かれるのです。実にアッラーは、すべてのことに熟知していま
す。(互いに無視する章六四：一一)

コラム　直観について

人には人生の目的などを求め、正しい道を歩みたいと望む「天性」が賦与されているが、それは同じく天啓の心の「静穏」を招来する。心の静穏は「信仰」に導き、信仰は静穏によって、より堅固なものとなるという表裏一体の相乗効果がある。信仰の極致は「安寧」という迷いのない心境である。

ここまでは本書で明らかになる点であるが、それでは心の静穏がどのようにして信仰に導き、それを覚醒させるのかは別問題として残されている。その過程が、直観と呼ばれる働きである。

直観は一義的には、信者が教えの真髄を鋭く察知することである。それは一瞬の稲妻のようであるかもしれないし、静かに沈思黙考する中で得られる体験かも知れない。このような過程の土台となるのが、静穏であるとも言えるのである。因みにクルアーンは

このような直観の契機は誰の周辺にも溢れんばかりに満ちているとしていて、直観のガイドブックのようになっている[41]。

以下には、この直観をより確かに、またより速やかに得るための参考であり、推奨される幾つかのポイントである。

ア．信仰を確かなものにしたいという願いを常に、また強く維持すること、換言すれば、自分の心を求道の精神で十分に熟させることが第一である。

イ．願う気持ちはあるとしても、それは不純なものではなく、清浄で落ち着いたものであること。何か利得を得ようとか、地位を得ようとか、いわゆる俗欲はご法度。落ち着いた心境（静穏・サキーナ）はただ落ち着いているのではなく、同時にすぐさまにでも行動に移るような能動的な側面を併せ持っているもの。スポーツ選手がスタートダッシュをかける直前のような感触である。

ウ．直観は自然体でも十分得られるものだということ。つまり激しい修行や行動を伴わなければならないというのではなく、日常生活の中でも期待できるということ。毎日の礼拝もそうであるし、他人とのやり取り、親切心、感謝の気持ちや言葉なども、直観を得る良い機会である。直観は恒常的に更新していなければ、一瞬毎にさび付き、光を失うものであることも忘れられない。

エ．最後に読書や人との話し合いや勉強会など、自分に対しての刺激をいつも与え続けることが肝要。人にもよるが、自力だけで十分という人はむしろ少ないかもしれない。他人のあり方からも大いに吸収できる。だから世界のどこへ行っても勉強会が開かれているのは、日頃不勉強だからではなく、それが必需だということである。それにいそいそと足を運ぶ人たちの事を、アッラーはよく見ておられる。

（二）安心《あんじん》

安心という言葉と概念もある。日本語としてはそれをむしろ「あんしん」ではなく、「あんじん」と読ませることとなる種類のものだ。仏教的には「あんじん」は、悟りの道を歩むことであると定義されるようだ。「あんしん」のようにただ心配がなくなったということではないのである。

またそれはもちろん静穏と連動して、イスラームにおける安心は現状も将来も平静であると感じられる状態である。まず天国に入るときは、平安であると同時に、安心して入るように挨拶されるとされる。

平安に安全に、ここに入りなさい（と言われます）。そしてわれらは、かれらの胸中のわだかまりを取り除き、（かれらは）兄弟として寝椅子の上に向かい合って横たわります。

（アル・ヒジュル章一五：四六、四七）

安心（アムン）、安全、信頼（アマーナ）などといったあたりの意味内容を包括しながらではあるが、安心とその派生形や活用形はクルアーンに実に八五八回も頻出している。使用回数がその言葉の重要性をそのまま反映しているとは限らない。しかしクルアーンに出てくるすべての語数である八万前後の一パーセントを上回ることとなる。あるいは、平安（サラーム）及びその派生語の使用回数は一四〇回であることと比べても、いかにも目立つ存在であることは間違いない。

ア．恐怖はアッラーに対するもののみ

安心の反義語は、不安、恐怖、混迷、動揺などである。生老病死と全てが不安の原因であり、その眼前は人間の誤道に導かれている。悪い夢を見ない人はいないようだが、むしろ驚くべきはほとんどの人がほとんどいつも悪い夢を見ているという現実である。人の心の襞に

は、必ず恐怖心が宿っているということになるのである。そのように恐れおののいている人の気持ちを、信仰を持つことで解きほぐすことは本当に可能なのだろうか。もしそうであるならば、どうしてそれは可能になるのであろうか。

多くの場合はそれらの現世の不安の対策としては、資産を貯めて、高い地位を確保し、子孫を多く残すことなどが考えられるのである。しかしそれらは典型的な現世的利益の一群であり、それはいかにも浮世の戯れであるというのがイスラームの教えである。いや、むしろ仏教やキリスト教などでも大きくは異ならないであろう。現実的にもそれらは問題解決にはならないと、即座に応答する人も少なくないであろう。

それらの現世的利益は問題の本質に向かっていないから、解決策とならないのである。本質とは人の心の問題なのである。繰り返すが、もちろん常識的な資産や子孫が望ましいことはいうまでもない。ここで取り上げているのは、それだけに固執するか、あるいはそれのみを優先する態度は誤道であるということである。

信仰を持つ人が不要な恐怖心に襲われない原因は、すべての恐怖はアッラーに対するものに限定されるからである。それは最終的には最後の審判という全生涯の清算があることは既に言うまでもなく、自明であろう。このアッラーへの畏怖心の一点に集約されているので、それ以外の雑音や雑念に惑わされることが消え去るか、あるいは少なくとも軽減されるのである。

そのような現象をスポーツマンの競争や演技で見ることは、誰しも経験があるところであろう。アッラーの最善の差配があることを信じ、それは必ずしも勝負に勝つことではないかもしれないが、今の自分にとって最善であることは確信が持てるのである。その意味でアッラーに守られていると信じることとなり、そこからはむしろ勇気が湧いて出るのである。自己記録の更新といったものが日本人選手の場合は比較的大試合で少なくないのも際立った現象である。

信仰して自らの信心に不正（多神教信仰）を混ぜない人たち、かれらは平安であり、正しく導かれた人たちです。（家畜章六：八二）

イ．安心の具体例

安心の具体例を枚挙するのは、あまり手間取らないはずである。なぜならば不安の現象は多発しており、それを経験していない人はいないと思われるからだ。人間の死ということと、人生の逆境という二つの事例を見ることにしよう。

①死は家の引越し

死については、当然クルアーンでしきりに言及されている。ただし用語は通常の死（マウトゥ）以外にも様々な表現が用いられているので、何回出てくるかというのは、相当解釈次第で左右される。マウトゥとその派生形は、一六五回出てくる。そしてそのどれもが信者の死への恐怖心を除こうとする趣旨である。それを逃れた人はいないし、また同時にそれは自らの生存の終わりを意味しないということである。

言ってやるがいい。あなた方が逃れようとする死は、必ずあなた方を見舞うのです。それから、目に見えない世界と目に見える世界を知っている方に送り帰され、あなた方がしてきたことすべてを、かれが知らせるのです。（合同礼拝章六二：八）

確かにあなたは死ぬこととなるのです。かれらもまた死ぬのです。（集団章三九：三〇）

誰であれ、死を味わうのです。復活の日には、あなた方は完全に報われるでしょう。誰でも（地獄の）火から遠ざけられ、楽園に入れられた人は、真に成功をおさめたのです。この世の生活は、ただ虚偽の享楽にすぎません。（イムラーン家章三：一八五）

これだけ死について確約されれば、読む人は誰しも死を迎えるのに少しは心のゆとりができるであろうか。死は消滅でもなければ幻想でもなく、それは生の家からもう一つの家に移転することであると観念するのである。それは消え失せる家から、いつまでも存続する家への引越しである。

死とは天使たちが道案内をしてくれる楽園への道のりに着くことである。

（死は）よく赦され、慈愛深いお方からの歓待なのです。（解説された章四一：三二）

アラブ革命の動向を通じて顕著であるのは、殉死に対する心の準備が勇猛果敢で明確な決断とそれが正義であるとの確信をもって行われていると見受けられることである。義勇兵や民兵への志願は、やはりイスラームの教えを口にしないで行われることはまずないし、もしそんなことがあれば、そのような志願はまるで死を求めているだけで、殉教の名前に値しないという感覚なのであろう。

それが客観的に見て、良いとか悪いとかいった価値判断は、全く別の問題である。ここで重要なことは、死に対する準備がきっぱりとされるその力をイスラームは与えていると見られることである。それは、エジプト、チュニジア、リビア、シリア、イエメン、バハレーンなど革命騒ぎが見られた国々に限らず、国のいかんを問わないものである。

「どうせ一度は誰でも死ぬのだから、自分は北方のアレッポ市に赴いて戦闘に参加したい。」とテレビのインタビューで語っていたシリア青年がいた。その文言を吐くのに、変な力みや見栄は微塵もない。そのような気持ちに至ったのを、自分に対する定めとしてそれに素直に従うといった面もちであったのが、一番印象深かった。

②逆境もアッラーの差配

人生に逆境はつきものであり、逆に言えば逆境に合わない人生などは箱入り娘の過ごす、まやかしの人生だともいえそうだ。試練が人生であるというのがイスラームの規定の仕方であることはくり返し述べてきた。戦国時代の武将、山中鹿之助は、「天よ、願わくば、我に七難八苦を与えたまえ」と祈願したとして知られている。

しかしそれも程度問題の面もあるだろう。処理能力以上の逆境ばかりが続くと人は自然と滅入ってしまうし、失望もする。信仰の真価が問われるのは、そのようなギリギリの状況下で何が実現できるのか、ということである。言うはやさしいが、実践は難しい問題だ。だがここでは、そのような究極状態に追い詰められた中で、イスラームが何をどのように提供しうるのか、ということを明らかにしてみたい。

まず信仰を正しく持つ人は、非常に忍耐強くなっていることを想起したい。忍耐（サブル）はイスラームでは非常に尊重される。実際ムスリムは何事であれ、ゆったり構えている人が多い。「時間をかければ安心で、急げば悔やむ」、あるいは「性急さは悪魔から、忍耐は信仰から」という言葉もある。

人生のほとんどあらゆる事柄は苦難である。学習、ジハード、出産、人々とのやり取りなどなど、すべてである。繁栄の頂点においてさえも手放しで喜ぶのは、自分で墓穴を掘るようなものであろう。そこで自制心を発揮するのは、自分を振り返る我慢であり楽の中の忍従である。他の人への親切心も忍耐の一つの表れでもある。

逆に性急である時は物事の展開を人間、しかも自分中心に考えているので、したがって万事はアッラーが差配されているという根本の事実を失念していることになる。そこで性急さはムスリムが嫌悪するところとなった。また性急であることは、困難は人にとってアッラーが与えられた試練であるという事実も失念していることになる。

人間は、せっかちに創られました。わたしは（遅れずに）わたしの印を示すので、わたしを急《せ》かしてはいけません。（預言者章二一：三七）

そこで教えを守り忍耐強くすること自体が善行であり、したがってそれには多くの報奨が与えられるということになる。最大の恩寵はアッラーの支配を明確に覚知し、天国行きの確実な候補者になることである。

クルアーンには一〇三回も様々に活用された形で「忍耐」が取り上げられる。その代表的な言葉は次の通り様々であるが、人には苦難が与えられるがそれは自分を試す機会でもある、そしてそれが成功への道である、といった脈絡である。

確かにわれらは人間を、苦難（カバド）の中に創りました。（町章九〇：四）

信仰する人たちよ、耐え忍びなさい、また他の人よりも、さらに耐え忍びなさい、また互いに（礼拝や戦いに）備えなさい、そして（アッラーを）意識しなさい。そうすればあなた方は成功するでしょう。（イムラーン家章三：二〇〇）

われらは恐怖や飢え、財産や生命や収穫物の損失で、必ずあなた方を試みるでしょう。でも耐え忍ぶ人たちには、吉報を伝えなさい。（雌牛章二：一五五）

クルアーンの次の節は、すべてを語っているようだ。

だから耐え忍びなさい。アッラーの約束は真実です。（赦すお方章四〇：五五）

さらには、忍耐涵養のために既に引用した次の言葉も忘れられない。人のその場の好き嫌いは、事の良し悪しの基準にあまりならないということである。それを思うと自然と忍耐心が生まれてくる。

戦いがあなた方に定められました。これはあなた方にとって憎むべきことです。ただし、あなた方は自分たちのために善いことを嫌い、自分のために悪いことを好むかもしれません（雌牛章二：二一六）

忍耐強い人は善し悪しにかかわらず、人を環境に適合させるので、その人を幸福にする。またその柔軟さと優しさで人に好かれ、人から信用を勝ち取ることも可能になる。もちろんそのような功利のために忍耐が説かれるのではなく、アッラーとの誓いに誠実であることの結果である。

忍耐強くなるだけではなく、アッラーの定められた運命の力を理解し、不幸や逆境の中においてもアッラーの恵みが至るところにあることを看取できるような心構えができていれば、大きな不安は解消されて安心を得ることとなる。その条件を一言でいうならば、信仰が熟して十分に篤信であるということに尽きる。イスラームの信仰はそのような仕組みになっているということが、以上のクルアーンなどの言葉と著者の綴方で少しは解明されていれば幸いである。

この文脈でアラブの文献にもしばしば引用されるクルアーンの一節を最後に触れておくのは意味がありそうだ。これは数々の著書の巻頭言などにもよく用いられているものである。

順境においても逆境にあっても施す人たち、怒りを押えて人びとを許す人たち、アッラーは（こういった）善行する人たちを愛するのです。（イムラーン家章三：一三四）

コラム　信頼の考察

安心（アムン）という言葉は、活用変化されて信頼という意味でも用いられる。それは固有の大きな徳目となっているので、このコラムで取り上げることとした。

人がアッラーに寄せる信頼は信仰（イーマーン）であり、アッラーが人に寄せられるものは信託（アマーナ）であり、人々が互いに寄せ合うものが信頼（アマーナ）であるという関係になっている。ただし信託も信頼もアラビア語では、アマーナである。それらを別の言葉としたのは日本語での区別である。アッラーは人に対して信義を寄せられ、人は人間同士でやはり信義を守るのである。前者を信託として、後者を信頼と呼んで区別した。

預言者ムハンマドは若いころより人望が厚く、初めて与えられた綽名は、アミーン（信頼できる人）であった。

ア．人間間の信頼の語義

人間同士の信頼の定義はほぼ信仰の定義の類推で、相手方を真実と信じることである。

そのような真実である相手方には、その人の正当な権利が過不足なく実現されている必要がある。しかも相互信頼のためには、互いの権利が確保されていることが必要で、それが人間同士の信頼の基礎にほかならない。つまり信頼のためには誰かが不正を犯しているか、あるいは不正に扱われているかの状態にあっては成り立たないということである。相互の過不足なき権利の達成が自然の均衡であり、アッラーの定められたところと考えるのである。

また人々からそのような信頼を寄せられるような人格を確立することも必要である。例えばある人の言うことには嘘はないと信じられることである。そこで信頼のためには、誠実さが求められるということにもなる。

さらには、信頼の醸成は直接目に見えるか、あるいは見えないかとは関係なく、広義の社会的信用を含むものである。国会議員は国民の選挙という権限の付託行為に誠心誠意答えなければならないが、それは寄せられた信頼への誠実な対応ということである。また逆にそのような対応自体が、今度は国会議員の国民に対する信頼の表現となっているのである。

イ．クルアーンの言葉

信頼の全貌に触れているのは、次の節である。

信仰する人たちよ、アッラーとかれの使徒を裏切ってはいけません。また故意に、あなた方への（他の人の）信頼も裏切ってはいけません。（戦利品章八：二七）

ここでアッラーとの関係に加えて、人間間の信頼へも言及されている。当然ながらそれは全方位的なものであり、経済、政治、社会関係をふくんでいる。借金返済は今も昔も日常生活的には絶えない問題である。

啓典の民（ユダヤ教徒）の中には、あなた（ムハンマド）が山のような財産を託しても、これを返す人もあれば、あなたが一枚の金貨を託しても、あなたが常にそばに立って（督促して）いない限り、返さない人もあります。（イムラーン家章三：七五）

また貸借関係は記録にとどめるようにクルアーンは定めているが、旅行中でそれがままならない場合は、担保を取るようにと具体的な規定がある。ただし信用がある場合は、その信頼を果たさせるように図れ、と預言者に命令されているのである。その実行ぶりはアッラーが熟知されているのであるから、文字通り神に誓っての約束履行となる。

あなた方が旅行中で代書人を見つけられないなら、担保を入手することです。もしあなた方が互いに信頼しているなら（無担保）、信頼された人（債務者）には、託されたもの（債務）を履行させなさい。かれの主、アッラーを意識しなさい。そして証言を隠してはいけません。誰でもそれ（証言）を隠す人は、心が罪深いのです。アッラーはあなた方の行なうことをすべてご存知です。（雌牛章二：二八三）

アッラーから信用が託されるのは、人だけではなく天と大地や山にも信託が行われたとあるのは興味深い。それらに対しては人間の反省材料となるように、厳然とそびえ立っている役目を与えられたのであった。あらゆる被造物はそれぞれ目的をもって創造されたのであった。しかし自らの意思をもって考え判断するのは、人間に限られた稀有な特質である。

実は、われらは諸天と大地と山々に、信託（命令と禁忌の遵守）を申しつけました。

（部族連合章三三：七二）

【註】

（39）ムハンマド・ブン・ハサン・アルジール『イスラームの預言者物語』国書刊行会、イスラーム信仰叢書第三巻、二〇一〇年。六三―六五頁。

（40）「ジョハーと息子とロバ」といわれる物語。異なる筋書きもある。例えば、https://www.tathwir.com/2021/10/story-Joha-donkey.html　二〇二三年八月一二日検索。

（41）心の静穏が信仰を覚醒させる「直観」に関しては、水谷周編著『イスラームにおける直観の研究』国書刊行会、二〇二四年、参照。

第五章　慈愛と愛情

信者の精神生活が慈愛と愛情に満ちたものであって、何も不思議はないはずだ。それどころかイスラームは戒律重視ではなくて、そもそも慈愛の教えであるとの見解が昨今強調されるケースが目立つようになっている。それはイスラーム法の適用などについて、いわゆる過激派が厳格な運用を主張して、それがイスラームの中心課題であるかのような姿勢を見せてきたことも背景となっているようだ。いずれにしても、慈愛（ラフマ）という言葉は種々の活用をしながら、クルアーン中に頻出してくる基本的な教えであり概念であることは間違いないといえよう。

一方、先に幸福を考えてみて、愛情に言及してなかったのは何か手落ちのように思われる向きがあるかもしれない。常識的には、幸せは愛情と一体のものである。しかしここで明らかになるのは、イスラームにおける愛情は信仰の裏打ちを求められる点が通常の場合とは異なってくるということである。また付言すると、ユダヤ教は戒律重視であったが、キリスト教では愛情を前面に位置づけたとされる。また仏教では人間の愛情は煩悩の一つに位置付けられ、したがってそれは抑制すべき対象として、正面から扱われなかったと見られる。三大宗教の興味深い相違点と言えよう。

ア．諸用語の関係

まず関連するいろいろの用語があるので、それらを一応整理して区別できるようにしておきたい。煩雑なようでも、真価を理解するための助走である。

慈愛（ラフマ）はアッラーから人へ、あるいは人から人へ向けられるものである。人からアッラーへ向けられるものではない点は、「嘉《よみ》し」などと異なる。それが修飾をする形の形容詞となると、「慈愛深い（ラヒーム）」と「慈愛あまねき（ラフマーン）」の区別が出てくる。前者はより特定された対象が念頭にあり、後者は全被造者へ向けられる場合である。そこで「慈愛深く」はアッラーだけではなく人間にも可能だが、「慈愛あまねき」はアッラーにだけ可能ということになる。

さらに敬愛（マハッバあるいはフッラ）は人からアッラーへ、あるいは人同士の場合である。また主として人同士のものとして、愛情（フッブ）や慈善（フッブ・アルアター）が別立てで扱われることもある。なお実際は言葉が流用されて、アッラーが人に愛情を持たれるといった表現も出てくることとなる。

右のように基本パターンの全体を抑えた上で、後は実際の使用例に従って、それぞれの内容を解き明かしてゆくことになる。

イ．定義の要点

慈しむ心はアッラーが中軸になっている点を除けば、日本でお馴染みの「情け」と異口同音であり、また愛情に非常に近い。慈愛は、一応は人の痛みや苦しみ、あるいは楽しみや喜びを、自らのこととして感じ取ることであるとされる。しかしそれは多くの感情や反応と同様に、結局は厳密な定義は難しいとされる。

一方愛情とは、そもそも特定のものに惹かれる心の働きをアッラーが人の能力の一つとして創られたという見地が出され、それと連動しつつ定義としては、人の心がぶれないためにアッラーがしっかりその心を捕捉され特定のものに結び付けられる現象だとされる。

次の節が、それら敬愛や愛情と慈愛の関係を説明している。

言いなさい。あなた方がもしアッラーを敬愛するなら、わたし（預言者ムハンマド）に従いなさい。そうすればアッラーはあなた方を愛され、あなた方の罪を赦されるでしょう。アッラーはよく赦すお方で、慈愛深いお方なのです。（イムラーン家章三：三一）

（一）慈愛

ア．人間の慈愛の源泉としてのアッラーの慈愛

アッラーが人にかけられる慈愛が、人間同士の慈愛の源泉となっている。この関係は次に見る愛情も同様で、人のアッラーに対する敬愛が、人の人に対する愛情の源泉となっているのである。慈愛を周囲に向けられない人に対しては、周囲からの慈愛も期待できないのである。なぜならばアッラーは慈愛深い人だけに、慈愛をおかけになるという仕組みになっているからだ。

イスラーム初期には各方面での戦闘が続いたが、その際のムスリムの交戦規則は老人、婦女子を殺傷せず、またナツメヤシの木を倒さず実のなる樹木も切ってはならないとされた。これらの規定ぶりは、当該戦い後の生活の必要もあったのであろう。しかしその本当の淵源はそのような実際上の必要性ではなく、それよりも先行するアッラーの慈愛深い配慮と預言者の聡明さであったと古来説かれてきた。

イ．強調される慈愛の教え

慈愛はイスラームの中心的な教えの一つであり価値である以上、様々な形で強調されている。

①日常生活

端的に慈愛は信者の生活で毎日、最も口をついて出てくる言葉である。まずクルアーンを読むときはいつも、「もっとも慈愛深く、慈愛あまねきアッラーの御名において」という一句を唱える。また毎日五回する礼拝を通じて、三四回はその一句を唱えることとなっている。さらに追加の礼拝をすればそれだけ同句を唱える回数も増えてくる。礼拝所に入る時に唱える言葉は、「アッラーよ、慈愛の扉をいくつも開けてください。」であるし、人が亡くなったら反射的に出される言葉は、「アッラーの慈愛あれ。」である。

②預言者の語る物語

預言者自身によっても次のような逸話が語られている。動物愛護という最近の潮流にも沿う話なので、各所で見かけるところとなったのが現状である。題名は「喉の渇きに喘ぐ犬」というもので、通常アラブでは卑しめられる立場にある犬に対しても、人は慈愛の心を持つようにとの教えである。

アブー・フライラによれば、アッラーの御使いはこのように語りました。『ある時、一人の男が激しい喉の渇きに苦しみながら道を歩いていました。しかしやがて井戸を見つけ、男はその中へ下りて行って水を飲みました。それから井戸から出てみると、一匹の犬が舌を出して苦しげにあえぎ、喉の渇きに耐えかねて、湿った土を食べていました。すると、それを見た男は、この犬も私がさっきそうだったようにひどく喉が渇いているのだ、と言いました。そこで男はもう一度井戸の中へ下りて行き、自分の靴を水で満たして口にくわえて上り、犬にその水をやりました。そのため、偉力並びないアッラーは男に感謝なされ、彼の罪を赦されたのでした。』

それを聞くと、人々は御使いにこのように尋ねました。『アッラーの御使いよ、畜生に対する行いでも私たちに報いがあるのでしょうか？』すると彼は、『どんな生き物に対する行いにも報いがあるのです。』と答えたのでした。(42)

③クルアーンにおける慈愛

最後にクルアーンを見ると、慈愛の教えが中心的であることに伴って、その様々な活用形も含めればクルアーンには三四二回登場してくる。さらにいわゆるバスマラと呼ばれる「慈愛深く、慈愛あまねきアッラーの御名において」という決まり文句には、慈愛が二度出てくる。

このバスマラは第一章だけはクルアーンの一部になっているが、それ以外はそうではない。しかしこのバスマラはクルアーンの読誦に入る前の導入のための言葉として必ず唱えられるので、その回数は第二章以下の章数と同じ、合計一一三回使用されることとなる。そこでは慈愛はダブルで出てくるので、使用回数はその倍の二二六回出てくることとなる。次いでそれも先の三四二回に加算すれば、クルアーン読唱全体における慈愛の登場回数は、合計で五六八回という膨大な回数に上ることとなる。

初めに慈愛についてのクルアーンでの原点を見る。預言者を遣わして教えを伝えたこと自体が、アッラーの慈愛の表れであったのだ。

(一) 慈愛

われらがあなた（ムハンマド）を遣わしたのは、すべての世界の慈愛としてだけです。
（預言者章二一：一〇七）

その慈愛はすべての被創造者を含む万有に及ぶものである。

またわたしの慈愛は、すべてのものにあまねく及びます。（高壁章七：一五六）

アッラーへの祈願として、慈愛を請うという形でも出てくる。

わたしの主よ、お赦しください、そして慈愛を与えてください。あなたは最もよく慈愛を与える方なのです（信者たち章二三：一一八）

両親への慈愛を請う形でも出てくる。

そして慈しみの心から、かれら（両親）に謙虚の翼を低く垂れて言いなさい。わたしの主よ、幼き頃、わたしを愛育してくれたように、かれらの上に慈愛をお授けくださいと。（夜の旅章一七：二四）

信仰から離れてしまう人々もいたが、アッラーはやがて信仰篤き他の民も連れてこられる、そして信者同士は謙虚であり、他方不信者に対しては意志堅固で奮闘するが、それもアッラ

ーの好まれる人々への恩恵であるとされる。（食卓章五：五四）

そこで真の信者と見せかけとは区別しなければいけない。人の間には悪魔も配置されているので（家畜章六：一一二、識別章二五：三〇、三一）、十分要注意なのである。

男性の信者も女性の信者も、互いに仲間です。かれらは良識を命じ、邪悪を禁じます。また礼拝の務めを守り、定めの施しをし、アッラーとかれの使徒に従います。これらの人たちに、アッラーは慈愛を与えます。（悔悟章九：七一）

主よ、あなたの慈愛と知識は、すべてのものの上にあまねく及びます。改心してあなたの道に従う者たちを赦し、かれらを地獄の火の苦痛から御守りください。（赦すお方章四〇：七）

他方で、不信者や見せかけの信仰者は敵であって、それは慈愛の対象から外されるのは当然である。イスラームはこの点、非常に現実的な描写をしているようだ。

（一）慈愛

信仰する人たちよ、あなた方の妻や子供の中にも、あなた方に対する敵がいます。だからかれらに用心しなさい。もしあなた方がかれらを免じ、大目に見て許すならば（それもよい）。（互いに無視する章六四：一四）

特にイスラーム初期においては四面楚歌の状態であったが、その警戒心がイスラームの共同体と信仰箇条に現実性と強靭な粘りを与えることとなった。これもアッラーの差配であり恵みであり、知恵であったということになるのであろう。

ウ．慈愛の諸例

①慈愛の対象者

人々の間で慈愛の心が働くケースとして、弱者、未亡人、病人、子供、特に孤児、高齢者、親族、隣人、女性、貧困層、旅行者などが主な事例であろうが、それらを指摘し例示するために、クルアーンの他、預言者伝承、各種逸話などが実に多数傍証として引用されうる。

アルブハーリーとムスリムの両者が合致している『二真正伝承集』からは、次のようなものが上げられる。

アッラーは人々に慈愛をかけない人には、慈愛深くされない。

未亡人と貧困者に対して尽力する人は、アッラーの道で戦う人である。

預言者よ、共に随行するのに一番善いのは、誰でしょう、とある男が尋ねたところ、預言者は、あなたの母親です、と答えられた。そこでその次は、と尋ねると、それはあなたの母親です、と答えられた。その次は、と尋ねると、あなたの母親、と答えられた。さらにその次は、と尋ねると、あなたの父親です、と答えられた。(43)

このような調子で、旅行者、孤児などなど種々の慈愛をかけられて当然な人々の事例が説かれている。現代的には世界各地の難民や各種災害の被災者なども入れてよいのであろう。

②慈愛を施す主体

慈愛を受ける側で区別するのと異なる視点として、慈愛を与える側で区別されることも確認しておこう。

アッラーがまず最上級の慈愛者であるということがある。九九の美称には、慈愛深き者、慈愛あまねき者がまずあり、その他、恩寵者（ワッハーブ）、優しき者（ハリーム）、恕免者（ガフール）、免ずる者（タウワーブ）、寛恕者（アフー）、慈愛者（ラウーフ）など多数がその慈愛の働きと関係していることに留意しておきたい。

また預言者自身の特性には、慈愛深い人という面が強調される。もちろん預言者は人間の理想という意味で、すでに全面的に信者の愛と尊敬の権化のような存在であることはいうまでもない。特に慈愛深さという面では、次のような言葉がある。

「アッラーからの慈愛のおかげで、あなた（ムハンマド）はかれらに優しく接しました。」（イムラーン家章三：一五九）これは伝教にあたって、預言者が人々に対して示された慈愛はアッラーから賜れたものであるという一段である。

確かにあなた方の間から、あなた方の元に使徒（ムハンマド）がやって来ました。かれは、あなた方が悩んでいることに心を痛め、あなた方のために、とても心配しています。かれは信者たちに優しく慈愛深いのです。（悔悟章九：一二八）

『二真正伝承集』から、預言者の慈愛に関する伝承を少々触れておこう。

砂漠の民が預言者に尋ねた、われわれはしませんが、男の子に接吻をされますか？預言者は答えられた、アッラーはあなたの心から慈愛を取り払われたということはないでしょう。

礼拝するとき、その中に弱者、病人、老人、貧者などがいる場合はあまり長くせず、一人で礼拝するときは望むだけ長くしても良い。(44)

ついでは預言者の教友も同じく慈愛深さで知られていた。クルアーンにいう。

ムハンマドはアッラーの使徒です。かれと共にいる人たちは非信者たちに対しては手を抜かず、他方お互いの間では友愛に満ちています。」（勝利章四八：二九）

以上をいわば模範としつつ、信者は同様に慈愛の心を深くしっかり堅持するようにと説かれることとなる。それはいわば信者に限らず、人類全体であり、生きとし生けるものすべて、さらには全被造物と存在に対する広く寛大な情け心が人としての目標であるということになる。

(一) 慈愛

コラム　慈愛の深堀

「ラフマ」は多くの場合、「慈悲」と訳されてきた。筆者自身も例外ではない。本文で述べたように、イスラームの道徳の本などでは一般論として、ラフマは人の痛みや苦しみ、あるいは楽しみや喜びの感情を、自らのこととして感じ取ることであるとされている。したがってそれは、日本でおなじみの情けや共感に極めて近い。しかしラフマも多くの感情と同様に、結局は厳密な定義は難しいとされている。

慈悲は日本の文化にすっかり根付いているので、用語としては、幸いほとんど違和感はない。ただし懸念は、それは本来仏教文化の中枢にある言葉だということだ。

＊仏教的慈悲に欠ける「愛」の要素

慈悲は仏教用語としては、苦を抜き、楽を与える（抜苦与楽）の意味であり、特に「悲」の方が重視されて、「大悲」という用語でその重要性が示される。また仏教ではキリスト教で説かれる「愛」を愛着として捉えるので、それは排除することとなる。物事に執着するのは、人の持つ煩悩の一つで克服すべき対象なのである。

他方、日本では抜苦と与楽はあまり区別されずに捉えられて、慈悲は一般的には目下の相手に対する「あわれみ、憐憫、慈しみ」の気持ちを表現しているとされる。しかしやはりそこには「愛」の要素は、前面には出てこない。

ちなみに「ラフマ」の中国語訳は、ほとんどの場合、「慈恩」と訳されている。憐憫、慈憫、仁慈、恩恵なども使用されてはいるが、少数である。[45] 慈恩の一般的な日本語としての意味合いは、厚い情けと理解して差し支えないだろう。

なお日本で慈悲がラフマの訳語として採用された背景には、他のイスラーム用語における場合と似た現象があったのだろう。つまりラフマの英語訳がmercyなので、その日本語訳として、慈悲が自然だったということ。ところがmercyも、やはり「愛」の側面よりは、情けや容赦といった側面に比重が置かれていることは変わりない。

こうして定着したラフマの訳語としての慈悲は、基本的に「あわれみ」の比重を大きくしたものとして理解されることとなった。そこで検討すべきポイントは、従来通り「慈悲」という訳語はイスラームのキー・ワードでもある「ラフマ」の中心部分を伝える機能を十分に果たしているのかどうかである。

＊ラフマにおける愛の働き

信仰とは、アッラーを愛することに尽きるといわれることは、広く知られている。またアッラーと人は相思相愛であるという、次のクルアーンの節を確認しよう。

あなた方がもしアッラーを敬愛するなら、わたし（預言者ムハンマド）に従いなさい。そうすればアッラーはあなた方を愛され、あなた方の罪を赦されるでしょう。アッラーはよく赦すお方で、慈愛深いお方なのです。（イムラーン家章三：三一）

人間を救うために預言者を派遣されたという一事をとってみても、それは「情け」や「あわれみ」を動機としてアッラーが配慮されたという理解よりは、それは何よりも人間を愛されるからであると理解する方が、自然である。人間はそれほど「あわれむべき」存在として創造されたのであったのか。人間を試すために創造されたのであり、愛されるがゆえに、救済の手を差し伸べられるという関係である。

人間は「あわれむべき」被造物として、頭を垂れて、うなだれた姿勢をするために創造されたのだろうか。そうではなく、過ちをしてもなお愛されるから創造されたのではないか。そう理解する方が、心温まり積極的になれる。この感覚は著者一人ではなく、これを読まれる方々に広く共有されると予想する。

クルアーンではラフマの教えが中心的であることを反映して、その様々な活用形も含めれば三四二回登場してくる。毎日五回の礼拝では、三四回は繰り返していることになる。それほど中核をなしている。他方、人は主に対して敬愛する立場にある。アッラーに向けられた純粋性から、さらには「フッラ」という特殊用語も編み出された。それはアッラーを専一に愛するのだから、「専愛」とでも呼んでいいのだろう。こうして双方の「愛」を中軸に回っているということになる。

＊適切な訳語は「慈愛」となること

ラフマの訳語として「慈悲」ではなく、「慈愛」とする方が適切なのだろう。信者はアッラーを敬愛して、アッラーは人を慈愛されるのである。もちろん慈愛には、ラフマの重要な側面としての「情けをかける」に関しても、慈《いつく》しむという一字が残るので心配ない。

礼拝所へ入るときのドゥアーの言葉は、「主よ、どうか私にラフマの扉を開けてくださ い。」である。こう言うとき、それは「あわれみ」の扉なのか、あるいは「愛」の扉なのか？　これも毎日繰り返される言葉である。信者を包み込む、広い「あわれみ」を背景とする、愛であってほしいと多くの人は思うのであろう。

多数のイスラーム関連用語は日本語として相当定着している。例えば、半世紀ほど前には、預言者ではなく予言者と書かれていて、その内容や役割を完全に誤解させていた。それは今日では認識も使用文字も是正されて、預言者が不動のものとなっている。モスクは語源が侮蔑用語であったので、それはすでにマスジドというクルアーン用語を使用することとなって久しい[46]。

こうして、二〇一九年に発刊された『クルアーン—やさしい和訳』も第七版まで版を重ねて、二〇二四年には第八版が出されるに至った。そしてそこでは訳語として「慈悲」を卒業して、「慈愛」を使用することとなった次第である。こうしてラフマの理解について、もっと温かみと積極性を取り戻すこととなれば、と願われるところである。

（二）愛情

ア．人の愛情の源泉としてのアッラーへの敬愛

多数の言葉で人の愛と互いの慈愛の心を説き、その愛の根源として絶対主への敬愛が説かれる。そしてその逆方向として、絶対主の方からの広くも深い慈愛が信徒に向けられるという関係である。

日本の感覚ではアッラーを敬愛するというのは少し馴染みにくいものがあっても不思議ではない。神は畏怖する対象であるというのが、普通だからである。それだけにこの点が、イスラーム理解の一つの鍵になるので少し細かく見てみよう。幸いイブン・タイミーヤは、それについて次のように存分に詳論している。そこではアッラーを敬愛するとは、アッラーを称賛し、アッラーに祈願するという両側面を含むものとして理解されていることが判明する。また人の愛情の根源としては、アッラーへの敬愛が明確に位置づけられていることも確認しておこう。

イスラームに限らず、ユダヤ教もキリスト教もすべての啓示は主への敬愛を説いており、それが信仰の中核となっている。愛情とは好きなものを望み、それを探求する心で

ある。ただ禁欲者の中には願望を捨てることに誇りを持つ人たちもいるがそれは間違いで、人は望みを持つように出来ているのだ（著者注：視点を変えれば、禁欲でありたいということ自体が禁欲者の願望となるとも言えよう）。

アッラーへの敬愛はアッラー自体を目指しており、そのような愛の純粋性故に格別の用語で、フッラと呼ばれる。この熱愛はアッラーの完璧さに対する側面と、アッラーのもたらされる恩恵に対する側面とがある（著者注：したがって前者は称賛でもあり、後者は感謝や祈願でもある）。

アッラーが好まれるものを好むことも敬愛の一側面である。逆に嫌われるものを嫌うことも同様である。そのようなアッラーの意向に即して好き嫌いを貫徹する行為はジハードであると言える。

もちろん勤行も必要だが、主への敬愛がなければ片手落ちである。またアッラーへの敬愛は懲罰の恐怖と車の両輪となっていなければ、それも片手落ちとなる。神秘主義者にはアッラーへの愛に陶酔する人もいるが、それは間違いであることは明らかだ。

人々をアッラーの教えに従うように呼びかけることは、結局それはアッラーへの敬愛に基づいている。同様にアッラーが禁じられることから人々を遠ざける努力も、アッラーへの敬愛に基づいている。アッラーへの敬愛は人々への愛の原点である。またアッラ

ーへの敬愛の延長が預言者とその家族、そしてそれに従った人たちへの愛情となる。(47)

イ．愛情の諸相

アッラーと人の間の双方向の関係の基本にあるのは命の尊重であり、それはアッラーの創造された賜物であり、そしてそのことを含む全存在の真実と真理の尊重ということであろう。人は最善美であり真実のアッラーを称賛し祈願するのであり、そのアッラーからは無数の恩恵を賜るという関係にある。

ただし当然このような言い方は、人間である著者から見た場合の現代風な表現に過ぎない。絶対主はあくまで、超然とした存在である。その慈愛は、無限大であり永劫の時間の中にあることを再確認したい。そして人間の間ではその広大な慈愛の陰であり反映として、愛情や慈善が教えられていることを再確認しておきたい。以上を前提に、愛情という言葉はいろいろの場面で応用されて出てくるので、その多様な状況を見ることとしよう。

愛情に反するのが、妬みや嫌悪感である。反対を見るとそのものの真相がはっきりする面もあるので、これら三者を続けて取り上げることとする。

（二）愛情

①人への愛情

人の間の愛情に関しては、クルアーンでは少々言及されている。たとえば愛する相手によって分けてみると、助言をする人（高壁章七：七九）、移住者（集結章五九：九）、預言者ユースフ（ユースフ章一二：八、三〇）、好む人（物語章二八：五六）が出てくる。だが前述の預言者ムハンマドへの愛情を加えて、たった六つの事例しかないということは、愛情という人にとって非常によく見られる感情としては、言及は極めて限定されていると言えるのではないだろうか。しかもここの六人はすべて信者である。そこで人間同士の愛情についてクルアーンは、ほとんど介入していないといえそうだ。それは啓示の書としてはさして注目される必要性はないかもしれないが、我々人間から見れば興味の惹かれる点である。

そんな中、次の有名な預言者伝承に注目しておきたい。

自分が好きなものを同胞のために好きにならなければ、その人はまだ信仰しているとは言えない。(48)

ここでは特定の個々人ではなく、広く集団の全体の人たちへの愛情が念頭にあるようだ。その集団とは信徒共同体という発想で、これは信者同士の兄弟愛や姉妹愛ともいいうるものであろう。たとえば妻や夫に対する愛情も、一人の女性あるいは男性に対するそれよりも、まずはイスラーム信者であるということでの敬意と尊重が先立つということになる。
そう考えるということは、個人としての利己主義（アナーニーヤ）を克服する意味も大きいと見られる。利己主義を越えた立場は、利他主義（イーサール）である。その一番典型的な事例としてムスリムがしばしば引用するのは、マッカからマディーナに移住した初期のムスリムたちに対する、マディーナ住民の支援ぶりである。移住してきた人たちを支援、擁護して、戦利品の分配においても決して先んじるようなことはなかったという。

たとえ自分は窮乏していても。自分の貪欲をよく押えた人たち、これらこそ成功者です。（集結章五九：九）

こうして利己心を克服して利他主義を働かせるような心の育成をイスラームでは大変重視することとなる。それを喜捨やボランティア活動などの実践を通して学ばせるように努める。以上の考え全体を結論付けると、人が持つ他の人へのあるべき愛情は、動物的な好き嫌いではなく、善き信仰心を育んでいる者へ向けられるものであるということになる。またそのように仕向けておられるのは、あの方であるという認識である。

（二）愛情

②妬み心

妬みや嫉妬の気持ちは、他者への慈しみとは逆に、何らかの不幸を願うものである。しかし誰かの不幸を願うことは、イスラーム上の祈りとしては認められない。

それは正当な権利を有する者から、それが奪われることを望む。さらにはそれを自らのものとすることを欲するかもしれない。最終的にはアッラーが配分されたところに不満を持ちその有り難みを忘れるということであり、不信仰への道を開くこととなる。

クルアーンには、慈愛を勧奨するとともに妬み（ハサド）を諫める言葉も同様に多出している。

もしあなた方に善いことが訪れれば、かれらは悲しみます。もし不幸があなた方を襲えば、かれらはそれを喜ぶのです。（イムラーン家章三：一二〇）

クルアーンには、妬みにまつわる話も少なくない。その中から、三つほど紹介しておこう。詳述については、章節番号が記されているクルアーンの関連の箇所を実際にひもとくようにお勧めしたい。

・アッラーが天使たちに対してアーダムに拝礼するように求めたが、悪魔のイブリースはそれを妬んで拒否した。自分は火から創られたのであって、人間のように泥から創られたのではないので人間よりも上の存在だというのであった。こうした妬み心から、イブリースはアーダムとハウワーが天の果実を食べるなど間違いを引き起こさせたりしたのであった（雌牛章二：三四、高壁章七：一一、アル・ヒジュル章一五：三〇、夜の旅章一七：六一、洞窟章一八：五〇、ター・ハー章二〇：一一六、サード章三八：七四）。

・アーダムの二児の話がある。弟ハービールの犠牲をアッラーが受け入れられたが自分のは受け入れられなかったことを妬んだ兄カービールは、人類初の殺人を犯してしまった。その時アッラーは一羽の大カラスを遣わされて地を掘らせて、弟の遺体をどうやって覆うかを示された。それを見た兄は、カラスほどのことも自分はできなかったと言って後悔する者となったのであった。（食卓章五：二七～三二）

・父ヤークーブは息子のユースフを残りの一一名の息子たちよりも大切にしたので、息子たちは非常に妬みを持ってユースフを殺そうとした話（ユースフ章一二：四～一八）。

③嫌悪

次に愛情の反対としての嫌悪も一般的である。嫌悪（カラーヒヤ）、憎悪（ブグドゥ）、嫌気（ヤァス）など類似の言葉がある。悪徳としてしばしば現れるのは嫌悪である。しかし不信者を嫌う場合もあるので、悪徳と見なされる嫌悪は善が対象となるケースである。

では嫌悪してはならない善とは何か？　以下のような理解も示されている。様々な教えの中で、アッラーが嘉されるものには三つあるとされる。それはアッラーに僕である信者が服従し、アッラー以外に他に同列に配することがなく、かれらがアッラーの導きの綱にすがることである。それらは善である。

他方、アッラーが忌み嫌われるものにも三つあるとされる。しゃべりすぎや不要で過剰な質問などは虚偽や疑念や反抗の原因になる恐れが大きい。そこで三つの第一は、アッラーが嘉されることに反することについて多言であること、二に、非合法であったり現世的な事柄について必要以上にしつこく質問すること、三に、金銭の浪費である（女性章四：五参照）。この三つが、アッラーが忌み嫌われるものである。人の義務はアッラーが好まれるものを好み、嫌われるものを嫌悪することである。従って、世俗的な事柄に関してしゃべり過ぎたり、質問しすぎるのを嫌悪することは是認されることとなる。

次に人が嫌悪するという中でも、アッラーの言葉を預かる預言者たちを嫌悪することは、すなわちアッラーを受け入れないということにもなり、最も警戒を要することは言うまでもない。そのような例としては、預言者サーリフはサムードの民に遣わされたが、かれは預言を伝え始めるまでは人々に好かれていた。しかし教えを弘め始めると、人々はかれを怪訝な目で見始めることとなった。

かれらは言いました。サーリフよ、あなたはわたしたちの中で、これ以前に望みをかけた人でした。（今）あなたは、わたしたちの先祖が仕えたものに、わたしたちが仕えることを禁じるのですか。でもあなたが呼びかける教えについて、わたしたちは本当に疑いをもっています。（フード章一一：六二）

預言者ムハンマドも、若い頃より周囲の人に好かれ、信頼される高潔な人物であったとして知られる。しかし啓示開始後は、大変な迫害にあったのであった。

なお嫌悪すること自体が、クルアーンではしばしば不信者の行為として登場する。

それであなた方は、アッラーだけに至誠の信心を尽くして、かれに祈りなさい。たとえ非信者たちが忌み嫌っても。（赦すお方章四〇：一四）

ただしアッラーが嫌うようにされることもある。

だがアッラーは、あなた方に信仰を好ましいものとなし、またあなた方の心において
それを美しいものとして、（他方）不信心と無法と反逆を忌まわしいものとしました。（部
屋章四九：七）

ウ．慈善

次いではフッブ・アルアターというアラビア語は、「与える愛情」という意味であり、「寄付好き」とも訳しうるので「慈善」という日本語がピッタリ当てはまる。広い愛情の一態様である。人が与えるものは、金銭、精神的支援、知識、助言、肉体労働、犠牲などいろいろある。人間が与えるものが小さい場合にも、だからといって量的な小ささは質的な小ささを意味していない。他方アッラーはもっと大規模で、人生全体であり、あるいは宇宙の運行も差配されている。それと同時に微小な蟻の行動も見ておられる。

人に与えることが最も多いのは、やはりアッラーである。その九九の美称には、寛大者（カリーム）、恩寵者（ワッハーブ）、糧を与える者（ラッザーク）などが入っている。この世は試練の場であるので、貧富の差があることなど、恩恵の大小は多種多様になっている。

前述の利他主義や情け、慈愛心により人間同士も人に与えることがあるが、慈善に至る克己心は感情と理性の両側面がある。しかしその理想として絶対主のあり方とそれに見習おう

とする信者の意志が影響しているのも事実である。アッラーが牽引力となり、そこが総合であり頂点なのである。最終的には慈善を実施しその教育に従事することも篤信と重なり、それ自身が善行であることを改めて意識しておきたい。

エ．自然万物への愛情

すべての存在物は創造主の造作によって生まれたという事情を踏まえれば、自ずとそのすべては人が愛する対象であることは、ほとんど同じことの裏表である。いずれの部分も無駄に作られ、あるいは無意味に放置されていることはない。それぞれにアッラーの命令と意図が及んでいる、アッラーの僕なのである。結局は、アッラーを敬愛し称賛している間にもその反射として、そのすべてを人は愛し、慈しむということになるのである。

かれに賛美あれ。かれは、かれらが唱えるものの（はるか）上に、高くおられます。七つの諸天と地、またそれらの間にあるものは、かれを賛美します。かれを称賛（の言葉）をもって賛美しないものは何もありません。ただしあなた方は、それらがどのように賛美しているかを理解していません。本当にかれは忍耐強く、よく赦されるお方なのです。
（夜の旅章一七：四三、四四）

アッラーの被造物としてすべてのものはアッラーを称賛するが、それは山々や木々といった自然界も例外ではないとされているのだ。そこで自然界は人を愛し、人は自然界を愛するという関係が生まれてくるといえる。預言者伝承に、有名な戦闘のあったオホド山に差しかかった預言者が、「この山はわれわれを愛しているし、我々もこの山を愛している。」と述べたとある。

そんな中、自然万物のうち一義的には好きになり、あるいは愛することに警告が発せられる一連の事物がある。それは現世欲や不信を煽るものであり、人の忍耐と尽力が試され、試練となるものである。不信心（悔悟章九：二三）、アッラーと同列に配された誤った神々（雌牛章二：一六五）、現世（蜜蜂章一六：一〇七）、家（悔悟章九：二四）、金銭（暁章八九：二〇、三〇、イムラーン家章三：一四）、悪を広めること（御光章二四：一九）、束の間の生活（人間章七六：二七）、腐敗（雌牛章二：二〇五）などである。これを見て、ふと我が身を振り返る人も少なくないと思われる。

オ．死や災難への愛情

死や災難は人が忌み嫌って避けようとするのが普通である。だが少し人を驚ろかすようだが、イスラームではそれらも人の愛情の対象であるということになるのである。その発想や背景となる構造はもう読者諸氏にもほぼ明らかになっているかと思われる。だが念のために、それをここに再び記しておこう。

信者がこの世を愛するのはもちろん金銭や名誉といった現世欲のためではなく、地上におけるアッラーの代理者としてアッラーの諸権利をこの世で実施、実現するためである。それは最たる善行である。善行を積んでいれば、その後死が訪れる場合にも、それは最後の審判における勝利となり、結果として天国行きを告げられる。次いでは天国においてアッラーの尊顔を拝する機会に恵まれるのである。そこで死、つまりあの世の世界への引越しの機会というものは、何ものにもかけがいのない価値と重みをもつこととなる。それは人が死を愛する理由である。

災難にしても同様である。それもアッラーの創造されたものの一部に過ぎない。災難は幸福の原因であるかもしれないし、幸福は災禍をもたらす原因となった事例をわれわれはたくさん見聞きしている。つまり当座の人間にとっての善し悪しだけですべてを判断するのではなく、非常に大きなアッラーの差配には従うという決意が必要なのである。この決意は信仰の決意そのものであるからだ。このような場面で自然とムスリムの口をついて出てくる言葉は、「アッラーフ・アクバル（アッラーは、偉大だ）」と、「アルハムドゥ・リッラー（アッラーに称賛あれ）」いう唱念の言葉であろう。それは災難というかたちでアッラーの差配があったことはやはり人として厳粛に受け止め、その上で今後の幸福を祈願するという経過を経ることとなるのである。

東日本大震災などがあったので、その直接の被害感覚がまだまだある中では理解しにくい面があることを恐れる。しかしこのような災害を日本だけではなく、世界で人類はいく度となく経験してきている。そしてそれらを克服して今日の繁栄を達成してきたのだ。そのような長期的全般的な視野に立てば、少し詭弁のように思えた災難への愛情というものも、実感を伴い始めるのではないかと思われる。つまりそれは、アッラーを敬愛するということの一端であるということに帰着する。

コラム　妬み心の抑制

妬み心という周知の問題は、どのようにして対処できるのか。この問題は誰しも経験し、知らない人はいないというものだけに、その対処法としてイスラーム的にどのようにクルアーンで説かれているかを見ることにしよう。ちなみに天国には妬み心は存在しないことは、すでに見た通りである。

妬み心の事例はクルアーンにも色々出てくる。アッラーが天使たちに対して、アーダムにサジダするように求めたが、悪魔のイブリースだけはそれを妬んで拒否した(雌牛章二：三四、高壁章七：一一、アル・ヒジュル章一五：三〇、夜の旅章一七：六一、洞窟章一八：五〇、ター・ハー章二〇：一一六、サード章三八：七四など)。アーダムの二児の話もある。弟ハービールの犠牲をアッラーが受け入れられたが自分の犠牲は受け入れられなかったことを妬んだ兄カービールは、人類初の殺人を犯してしまった(家畜章五：二七―三二)。父ヤークーブは息子のユースフを残りの一一名の息子たちよりも大切にしたので、それらの息子たちは非常に妬みを持ってユースフを殺そうとした話など(ユースフ章一二：四―一八)。

妬み心は誰しも自分でも嫌になるが、それを克服するのは、本当はなかなか難しいもの。それはその人の生存本能の一翼になっているからだろう。つまり生きる意志が、裏面から言えば、競争心を育みそれが妬み心となるのである。そのために、驚いたことに、諦めの気持ちもあってか、妬み心を是認する人さえ見受けられる。しかし教義的にはあまりの妬み心は抑制するように教えられている。というのは、妬み心は真相や実態を分からなくさせるからである。

それではどうやって妬み心をコントロールするのかということになる。それには、玉ねぎの皮をむくように幾重もの段階が準備されている。

第一は次のクルアーンの言葉がある。アッラーの御差配を、素直に有難く受け取る気持ちである。

アッラーがある人に、他よりも多く与えたものをうらやんではいけません。男性たちにはかれらが稼いだものの分け前があり、女性たちにもかの女たちが稼いだものの分け前があります。アッラーの寵愛を請いなさい。アッラーはすべてのことをご存知なのです。（女性章四：三二）

次いでは、福が本当は災いであり、災いが福であるかもしれないこと（雌牛章二：二一六）を知り、拒否するものが福であり愛するものが災いであるかもしれないこと（女性章四：一九）を知るべきだともされる。福と災いは一体であるかもしれないし、それらは程度の差であるかも知れないからだ。

こうして妬み心を一気に解消するというよりは、自分自らのムラムラした気持ちを整理し、理性を取りもどすために、人のあり方に関して世の中を広く展望することをクルアーンは教えているということになる。これなら理解しやすいし、実際に適用もできそうだ。そしてもちろん究極的には、アッラーこそは全てをご存知であることに思いが至れば、安寧の心境がその人の心を満たしてくれるだろう。それはまた、何をもって満足すべきかを自分で悟るということにもなる。

【註】

（42）前掲書『イスラームの預言者物語』、一二六―一二七頁。

（43）Muhammad Fuad Abd al-Baqi, *al-Lulu' wa al-Marjan*, al-Qahira, Dar al-Hadith, 2005. 五〇〇、五六五、六七五頁。

（44）Abd al-Rahman Hasan Habnaka al-Maidani, *Al-Akhlaq al-Islamiyya wa Usulha*, Dimashq, Beirut: Dar al-Qalam, 1979. 2 vols. 第一巻、四四二―四四三頁。

（45）『中国訳解古蘭経』サウジアラビア・ファハド国王クルアーン印刷所、二〇〇七年。

（46）この事情に関しては、第一部第一章第二節において言及した。

（47）*Ibn Taimiyya, Expounds on Islam*, tr. by Muhammad 'Abd al-Haqq Ansari, Riyadh: Al-Imam Muhammad ibn Sa'ud Islamic University, 2000. 四四四―四六四頁。

（48）アルブハーリーとムスリム共通の伝承集である、『二真正伝承集』にある。https://www.islamweb.net/ar/article%2F65682%2F18

第六章　希望と悲しさの克服

商人が遠い砂漠を越えて貿易をするのは利潤という希望のため、病人が苦い薬を飲むのは治癒という希望のため、抑圧された民衆が流血をいとわず立ち上がるのは自由という希望のため、といった調子で希望（アマル）の大切さが高らかに謳い上げられる。これらはアラビア語の文献で見かける類の文章である。しかしそのいずれもかの地の生活実感を伴っているのは当然ながら、改めて容易ではない現実に信仰が働きかけている様を手に取るようで、読んで深い印象が与えられる。

その反対は失望（ヤアス）であり、悲しさ（フズン）である。失望すれば病人は薬を嫌い、人々は不活発となり、暗黒の幕が下ろされたようなものである。失望しないように、悲しまないようにと、それらを信者の心から追い払うために、クルアーンにはいくつか特別の文言も用意されている。なぜならば、それらは忘恩の営みであり、したがって不信の心を抱かせるからである、と結論づけられている。

（一）希望

ア．希望と祈り

人は現状以外の姿を描き、その実現を願う能力が与えられている。それが希望である。だから希望は本質的には現実との矛盾であるはずだが、多くの場合は新たな生産に向かう次の力の源泉として機能する。前に見たように、恐らく人が生きるということは、究極的には自分一人でもよいから生き続けたいという生存本能にも帰着することに関係するのであろう。そして希望があれば、その実現に向けて尽力するとともに、祈ることとなる。つまり人の生存は希望を持ち、祈りを上げることと一体であるということでもある。

他方から見れば、祈りは信仰とともにある。そして祈ることは、ある事柄が実現するようにアッラーにお願いするのだが、それが叶うかどうかはアッラーのご差配次第だという了解である。だから実現しなくても失望はない。むしろ直ちに実現しない方が良いという何らかの理由があるのだろうが、自分がそれを知らないか理解していないだけだと察知するのである。あるいは、希望通りには実現しなくても、それ以外にいろいろ実現している御恵みに感謝することに忙しいかのいずれかである。

失望しないだけに、そこには常に希望の窓が開け放たれているとも表現できる。いつもイスラームは信者に希望の燈明を灯し続けてきたともいえよう。「希望の広大さがなければ、どれほど人生は狭隘になっていたことか」という対語表現は、アラビア語の格言になっている。いつの日か願い事が実現して欲しいが、そのためにはまたまたアッラーにお願いできるということになる。それはイタチごっこであっても構わない。すでに繰り返し述べたが、たくさんアッラーにお願いすることは、アッラーを頼る行為であるので、よき信者の行いの一つでもある。

以上のような思考回路が、イスラームが信者に提供するものである。希望は果てしないが、その効果もまた果てしないものがある。いくらでも願いを聞いてもらえる相手が、いつもすぐそこに一緒に居ていただけるという安堵感である。それはまた自分を決して見逃さない、監視役でもある。

日本でしきりに報じられるうつ病のような問題は、イスラーム社会では一般には見られない。またそのような症状をもたらすと思われる思考回路からは、ムスリムは縁遠いものがあるといえよう。スポーツ選手でもいざという時の瞬間には、絶対主にお願いがしてあって、勝つか負けるかとは別に自分は見守られ、最善の差配があると真に信じられるところから安堵感と勇気が湧いてくるという。そのほかいろいろ具体例が見て取れるであろう。

病気になってもその治癒をお願いできる。ただしアッラーは人の生死自体を左右される御

（一）希望

方でもある。

　また病気になれば、かれはわたしを癒します。かれはわたしを死なせ、それから生き返らせるお方です。（詩人たち章二六：八〇、八一）

人は過ちを犯しがちであるが、それも赦されることとなる。

　それでもアッラーの慈愛に対して、絶望してはならない。アッラーは、確かにすべての罪を赦されます。かれはよく赦すお方、慈愛深いお方なのです。（集団章三九：五三）

高齢を迎えても、永劫の楽園に入るという生きがいが与えられている。

　慈愛深いお方が、かれの僕たちに、目には見えませんが約束した永遠の楽園に。確かにかれの約束は、完遂されます。かれらは、そこで無駄話を聞かず、平安あれ（という言葉）だけがあります（マルヤム章一九：六一、六二）

イ．事例

（一）希望

希望をつなぐ話で一番多く語られるのは、マッカの追っ手から逃れるために、近くのサウル山の洞窟に預言者ムハンマドが教友のアブー・バクルと二人で身を隠した時のことであろう。後に初代正統カリフとなるアブー・バクルは足跡を見つけたという敵の叫び声を聞いて生きた心地がしなかった。「この崖からムハンマドは下へ落ちたか、あるいは頭上のあの世へ行ったに違いない」などと迫り来る敵兵はしゃべっているのである。預言者はアブー・バクルを落ち着かせるために小声で言って聞かされたという。

非信者たちに追い出されて、一人の友と二人（ムハンマドと教友のアブー・バクル）で洞窟にいたとき、かれ（ムハンマド）はその教友に向かって言いました。悲しんではいけません。アッラーは確かにわたしたちと共におられます。すると、アッラーはかれの静穏（サキーナ）を、かれ（ムハンマド）に降ろされ、あなた方には見えないけれど、（天使の）軍勢でかれを強めました。（悔悟章九：四〇）

こうして洞窟からは無事に出ることができて、マディーナに到着することができた。またその後は、明らかに劣勢であった預言者ムハンマドの軍は、数々の危機を乗り越えてやがて避難先のマディーナからマッカへの帰還を果たすこととなった。このような史話は既に周知のところであろう。
戦いにおいても、まさしく希望こそは最強の武器となる。

真にわれらの言葉は、われらの僕である使徒たちにすでに下されています。確かにかれら（使徒たち）は、必ず助けられるのです。確かにわれらの軍勢は、必ず勝利を得るのです。（整列者章三七：一七一、一七二、一七三）

一般的にムスリムに勝利が保証されているとの言葉は次のとおりである。

アッラーの助けがあったことについて（喜びます）。かれは御望みの人を助けます。かれは偉力大で、慈愛深いお方なのです。（東ローマ人章三〇：五）

ムスリムの生活は、明朗で楽観的で健全なものとなるのが通例である。もちろん恵まれない人たちもたくさんいるが、その誰をとってもその心にはそれぞれにガス抜き口と吹き抜け窓が用意されているようなものである。不満や苦境が変に蓄積されない安全弁が準備されている。

それだけに我慢が効かなくなった時の不満爆発は、逆に深刻化する。これが二〇一〇年代に起こった、一連のアラブ革命の軌跡でもあった。そうなると不正者に対する義憤は、不信者に対するそれと化し、それこそ天地を逆転するまでとことん戦うこととなる。そのための犠牲は、殉教死ということになる。

コラム　正義をめぐって

強い希望や願望は、それが正しいのだという、正義感に裏打ちされているのが大半であろう。二〇一一年以来のアラブ革命では「正義と自由」が一番のモットーとなった。他方で我が国では「正義」という用語や概念は堅苦しくて角が立つ印象があるので、十分な市民権を得ていないかもしれない。彼我の間に、相当なギャップがあるようだ。そこで以下では、イスラーム流の正義感を紹介しよう。

（一）意味内容

正義（アドゥル）や不正（ズルム）は、アッラーに認められた人間の正当な権利が実現しているか、あるいは逆にそれが不当に抑圧され剥奪されているか、という非常に重々しい響きの言葉である。ところがここで「権利」とは、「真実」と同じ「ハック」という言葉が用いられる。したがって、正義とは真実を愛しそれを堅持し、正義の実行とは真理に従うことと同義であるということにもなる。また正当な権利を守り、尊重することが人としての尊厳を保持することでもあることは、既に本書において前述したところである。

（二）正義を巡る二つの論争

欧米では主として二〇世紀後半、各自の持分を公平に配分することを強調するか、あるいは持分である各自の権利を尊重するのが正義であるとするのか、二つの異なる立場が出てきた。前者は福祉国家的で、後者は最小国家を主張する夜警国家論に基づく。しかしイスラーム社会では、右とは異なる設問に従って二通りの議論が交わされてきたので、それらの要点を紹介しておこう。

ア．平等との関係

正義と平等の関係が議論されるのは、平等でなければ正義が達成されないという感覚があるからだ。人は能力においても努力の仕方も平等であるとすれば、その報奨も平等でなければならないだろう。ところが実際にはそれらは多種多様である。つまり外見的な平等は正義ではありない。そこには実質的な公正さが求められるということになる。

ではどうすることが実質的に平等なのかについて、一気呵成に断言することは逆に弊害も生じうる。他方人は固定的に階級別に分断すべきでないし、あるいは血縁などによる支配関係を築くべきでないという感覚も強い。人は平等に創造されたというイスラームの基本にも直接関係してくる。そこで現在では個人差があることは認めつつも、最小限社会的に確保すべき平等として次の四点が、現代のイスラーム倫理書で挙げられることがある。

・法適用の平等　・権利の平等　・機会均等　・投票権の平等

ただしこれは多分に西洋式な扱いであり、まだ正義と平等に関して特段イスラームとして本格的にまとまった見解が提示されたとはいえないようだ。

イ．慈愛との関係

また正義と慈愛の関係も議論される。それは例えば、非効率的な労働者をその貧しさ故に解雇しない方がよいのか、そうではなく解雇して新たな生産的な労働力を確保すべきなのか、といった事例で問われる。明らかに後者が正しいのは、非効率な労働者のもたらす社会的な損害は、かれが解雇されてこうむる個人的な損失よりはるかに大きいからであるとされる。

しかしこれは考えてみると、個人的な損害であれ社会的なものであれ、それらは具体的な数字を見てみないと天秤にかけるのは容易でないことは当然である。いずれにしても弱者擁護の精神はイスラームでは強いので、このような一般概念的な視点からの事例が問題視されるのである。

さらには、「慈愛は正義の上にある！」と主張して陳情する罪人について、そのような口実は成立しないので許すべきではない、といったことなども念のために釘が刺される。そして検討の結果は、正義の主張をする権利を持つ人がそれを譲渡し、あるいは放棄して慈愛を優先させる場合にはそれは是認されると結ばれる。例えば、債権者が債務者に対して借金返済を延期したり棒引きしたりする場合や、盗もうとした人を所有者が慈愛でもってそれを見逃すようなケースである。

（三）クルアーン中の正義

クルアーンには次の通りある。正義（アドゥル）という名詞形では、一四回出てくる。

ただしそれは「公正な代償」などの意味でも用いられている。アドゥルが公正と訳されている場合もある。アッラーが人に命じられる事柄が列記され、その初めに置かれているのが、正義である。

真にアッラーは公正と善行、そして近親者への供与を命じ、またあらゆるみだらな行為と違法行為、そして横暴な行為を禁じます。（蜜蜂章一六：九〇）

また正義と篤信が重なって説かれていて、政治と信仰が渾然と一体視されるのである。しかし政治は正義の行いでなければならないのは当然だ。

公正であることが、（アッラーを）意識することに近いのです。アッラーを意識しなさい。（食卓章五：八）

わたしはアッラーが下した（いずれであれ）啓典を信奉する、わたしはあなた方の間に公正をもたらすよう命じられた、アッラーはわたしたちの主であり、あなた方の主です、…。（協議章四二：一五）

人間は公正に証言し裁かれ、正義と公平でもって扱われる必要がある。

信仰する人たちよ、正義を守り、アッラーに向けて証言をしなさい。（女性章四：一三五）

そしてあなたがたが人の間を裁くときは、公正に裁くことを命じています。（同章四：五八）

（かれと比べて）正義を勧め、まっすぐな道を踏む人とは同じでしょうか。（蜜蜂章一六：七六）

もし信者が二つの徒党に分かれて争う場合は、両者の間を調停しなさい。もしかれらの一方が他方に対して私利をむさぼるならば、むさぼる方がアッラーの命令に立ち返るまで戦いなさい。だが立ち返ったならば、正義を旨としてかれらの間を調停し、公平にしなさい。（部屋章四九：九）

天秤はギリシアやローマの時代に公正感の象徴であったが、クルアーンでも計量を正しくすべきことが繰り返されている。そして最終的には、イスラームの教えそのものの目的が、秤で正邪を判断し正義を行うためであるとされる。

また公正に計量しなさい。（家畜章六：一五二）

また正しい秤で計量しなさい。（夜の旅章一七：三五）

確かにわれらは明証をもってわれらの使徒たちを遣わし、またかれらと共に啓典と秤を下しました。それで人びとが正義を守るようにするためです。（鉄章五七：二五）

（二）「悲しむなかれ」

ア．悲しさは不信の種を撒くこと

悲しさや失望には警告が発せられる。それは不信仰の道を開くからであるとされる。これらは互いに鶏と卵の関係であるともされる。

もしわれらが、人間にわれらからの慈愛を与え、その後それ（慈愛）をかれから取り上げれば、絶望して不信心になるのです。（フード章一一：九）

アッラーの慈愛に絶望してはいけません。非信者の他は、アッラーの慈愛に絶望しません。（ユースフ章一二：八七）

かれ（イブラーヒーム）は（答えて）言いました。迷い去った人の他、誰がかれの主の慈愛に絶望するでしょうか。（アル・ヒジュル章一五：五六）

これほど明確に示され諭されても、人間こそは迷える存在である。

われらがある人に恩恵を授けると、かれは身を反《そ》って、（威張って）、外方《そっぽ》を向くが、災厄が襲えば、かれは絶望してしまうのです。（夜の旅章一七：八三）

人間は善（幸福）を祈って、疲れることを知りません。だが悪（不幸）に見舞われると、落胆し絶望するのです。（解説された章四一：四九）

このようにクルアーンでは悲しさについて多くの言及がある。それは、希望や失望とは比較にならないほどである。因みに回数だけで見ると、希望は二回、失望は一三回、そして悲しさは、多数の活用形や派生形を含めて、四二回に上っている。

イ．アラブのベスト・セラー『悲しむなかれ』

『悲しむなかれ』と題された現代風の一冊の本がある。それは二〇〇二年の刊行以来、販売数はアラビア語で二百万冊以上、三〇ヶ国以上に渉る外国語訳も含めると五千万冊を上回ったとされる世界の超ベスト・セラーである。それをここで紹介することは、『悲しむなかれ』というテーマをめぐる世相を伝える格好の方法かもしれない。

ベスト・セラーとなっている理由は、この主題が需要の多いものであることの他に、大型版（二三×一六センチ、細字）で全四五六頁という大部なものであるにかかわらず、読者が読みやすいように徹底した編集がなされていることにある。様々な教え、人生経験、逸話、事例、詩文、伝説などの短い引用や解説が、三五〇近くの説話として編まれており、非ムスリムの読者にも配慮されている。

他方、目次、索引、参考文献、出典を示す脚注などは一切省かれていて、本文を直接に初めから少しずつ読み進めるように読者を誘っているのである。時にはほとんど繰り返しになっているのも、意に介していない。このような著述の方法は現代のアラビア語文献では全く類例を見ないものである。またそのような風変わりなスタイルとしたことに関しては、わざわざ序言でも読者に対して断りを入れているくらいである。

ところで同書の内容は全て小見出し方式になっている。それらを見ると当然ほぼ全内容が判明するが、次のような項目が散見される。その様子は完全に、「千夜一夜物語」のような、めくるめく続く読み切りものの長い連鎖である。

「信仰と幸福」、「人の批判に直面して」、「人の感謝を待つな」、「レモンの汁から甘い飲料を作ること」、「怒りを抑えること」、「蓄財の享楽について」、「自殺について」、「人に好かれること」、「存在を直視すること」、「悲しさはムスリムに求められていないこと」、「微笑むこと」、「痛みの恵」、「恵みの多いこと」、「アッラーが選ばれたものをあなたが選ぶこと」、「人の行いを監視しないこと」、「人への善行」、「孤独の誇り」、「瑣末なことは気にするな、この世はすべてが瑣末である」、「自分を失うな」、「人生の短かさ」、「死の痛みで微笑むこと」、「喜捨は心の広さ」、「有名さを求めるな」、「恵みの遅さを悲しむな」、「容易さは敵であること」、「この世がすべてでないこと」、「人生はすべて疲れることばかり」、「信仰ある者は心が導かれる」、「思いも及ばないかたちでアッラーは糧を与えられること」、「それより良いものでアッラーは補填されること」、「美言の税金」、「楽園の快適さ」、「幸福になる格言約六〇〇カ条」などが出てくる。随所で純な信仰心と礼拝の重要性が繰り返し取り上げられていることは、特に目に付く点である。

以上の内容はイスラームの精神世界を提示する本書『イスラームの精神世界―生きがいと癒し』を通読してきた読者諸氏には、ほぼすべて予想されると共に各項目の連関も大きな間違いなく理解されるところであろうかと期待する。基軸は真実を目指す信仰心であり、大きな運命に従順な生活態度が説かれているということになる。

一例として、「思いも及ばないかたちでアッラーは糧を与えられること」を概略訳出しておこう。(49)

（二）「悲しむなかれ」

…マッカ住まいのある男の財布が空になってしまい、空腹をこらえていた。街をうろついていると貴重な高価な首飾りを見つけた。それを持って（訳注：拾い物は不法（ハラーム）で所有不可）カアバ殿のところへ行った。そこに居た別の男がその首飾りを賞賛し何か支払うといったが、それを（訳注：アッラーに寄託）渡すこととした。しかし何も払わないでその別の男は、首飾りを持っていってしまった。やれやれ、仕方ないと言いながら、何か別のもので補填して欲しいものだと言いながらその男は海の方へ行った。

船に乗ったところ荒波を起こす風が吹いて船は沈んだので、その男は材木につかまり波が左右に揺れるに身を任せることとなった。しばらくすると男は島に流れ着いたが、そこには礼拝所があり人々は礼拝していたので、それに参列した。またクルアーンを見つけたのでそれを読んだら、島の人々はすごいと言って島の子供たちに教えてくれというので、謝礼をもらってそうすることとした。さらには書道も教えた。島には既に父親の亡くなった女性がいた。その女性と結婚しないかと人々に言われたので、その男は結婚することとした。

ところがその女性と初夜も済ませると、その首には例の首飾りがあるのを発見した。そこで詰問すると、その女性の父親がある日マッカでなくしたが、それを見つけた男が返してくれたということだった。またその父親は祈りを上げて、娘に夫が授かるように祈願していたということだった。そこでその男はその夫というのが自分なのだ、と思った。ということは、その首飾りは拾得物ではなく所有を許されるもの（ハラール）となったのであった。その男は首飾りをアッラーに寄託したので、アッラーはそれより良いもので補填された、という次第であった。『アッラーは善良であられ、本当に良いものしか受け付けられないのである。』…

改めて見直すとこの話には、種々諭すための諸点が仕組まれていることに気付かされる。まず主人公の男は信仰に誠実であること（拾得物をカアバ殿に持参、礼拝に参加しクルアーン読唱に熱心、支払いが当面なくてもさほどの怨みや悔やむ気持ちを持たなかったことなど）、あるいは運命に非常に従順であること（難破した先の島に住み着く、勧められるままにクルアーン読唱や書道を教え、結婚も受け入れたことなど）が顕著である。その結果として、アッラーの補填の糧を手に入れることとなったという顛末である。その過程では生じうるような悲しさを、難なくすり抜けていっていることにも留意しておきたい。

この書籍の方針としてこの話の出典などは一切上げられていない。しかしこの種の話は内容が重要であり、出典に気を取られている暇はないはずである。それはとにかく説話の類いの典型と見られる。何とも冗長な話だが、このような調子でなんなんと四五〇頁にわたって様々なトピックに従っていろいろの説話が続けられ、それがベスト・セラーになっているのである。

（二）「悲しむなかれ」

ウ．アラブの古典『道徳の修練』に見られる教え

今もう一冊、すでに言及したことがある書籍を取り上げたい。それは道徳論では古典とされるミスカワイヒの『道徳の修練』である。そこでは一章を当てて、「悲しさの治癒」の題目の下で論じられている。(50)

その章のポイントは、悲しさは人が持ち込むものである、それはことの必然ではなく、得られなかったり、失ったが故に悲しむのは、それらをもともと他の人に分け与える慈恵の気持ちが欠けていたからであり、また失った悲しさの正体はそれを持っている人に対する妬み心に過ぎないとしている。そこで嫉妬心の恐ろしさを今一度噛み締める必要もあるという。

さらに続けてミスカワイヒは次のように書いている。ソクラテスはどうして活発な言動が見られるのに、あまり悲しそうな様子は見られないのかと尋ねられて答えた、それは失うと悲しくなるようなものは取得していないからだ、と（訳者注：過剰な財産を蓄積したり、知識や情報を独り占めなどしないで、悲しさの原因を絶つことがその最善の策である、ということ）。

御恵みに絶望するとどうして不信心になるのかは、最早読者諸氏にも明確かと思われる。それは御恵みの大きさを理解せず、まだまだ尽きることはないという事情や、それ以外にも溢れんばかりであるという全貌を失念することとなっているからである。つまりアッラーの絶大さを忘れ、それが不信の種を撒いていることになるからだ。

そこでこれ以上の詮索は不要であり、有害である。疑念を持たずに、頂いている御恵みに感謝をすることから人としての務めが始まるということが飲み込めれば、そこで終止符を打つこととなる。そしてそうすること自体が今度は、悲しさを克服する修練にもなっているというわけである。

これら全ては何も頭で考えてそうなるといった類の話ではなく、日々の生活に支えられた厳然たる人間の生命の営みそのものでもあるのだ。大震災を眼前にして、信仰の役割が議論され試されたこともあったが、著者のそのような捉え方としてはやはり大きな修正は迫られていないと思われる。

コラム　人の死について

人の死について語られる機会が多くなっている気がする。東日本大震災があったし、高齢化社会関連もある。それと毎年夏は、終戦記念日を迎える。また昨今はウクライナでの戦闘のため、死傷者の姿が画面に頻出する。人の死は、イスラームとして大問題扱いされるということではなく、今日の日本の状況において焦点があてられることの多い問題である。ただしそれは、イスラームの特徴を理解する一つの重要な切り口になるとも見られる。

生まれれば死ぬし、それは主の定められたことでもある。だから死は大騒ぎする事態でもなければ、特に怖がることもないというのが、イスラームでの自然の結論となる。怖いのは死んだ後の、最後の審判である。

ある葬儀で外国人のイマームが、「死は普通のことですね」と、ちょっと外国式の発音の日本語で参列者に話しかけられたことがあった。非ムスリムの日本人には突然な言葉であり、そのままが慰めとして受け止められたかは少々疑問だった。しかし彼が言おうとした意味内容は、全く妥当であった。

亡くなった人のことをアラビア語では、ムタワッファーと言う。意味は「神によって約束が果たされた人」ということである。死去した人は主の定めを全うしたのであるから、それを裏側から言えば、神が約束を果たされたということになるのだ。もう一つの言い方は、マルフームという言葉で、その意味は「慈愛を与えられた人」ということ。これは説明なしで、簡単に理解できるだろう。

思ってみれば、人の死に関する出版物はアラビア語ではあまり見かけないし、それを正面から扱った著名な古典も思い当たらない。しかし天国・地獄の話や、霊魂を巡る論議は昔から盛んだ。毎日睡眠をとる際には、人の精神（ナフス）が抜け出て、死ぬときには魂（ルーフ）抜け出ると説明される。前者が小死で、後者は大死と呼ばれている。そして前者は毎日の現象だが、後者は一生一度の出来事という違いがある。このようにサバと整理されているのである。またそれはイスラームの葬儀の簡潔さにも反映されている。死はあの世への引っ越しだという表現もあることは、本書中に見たところである。

筆者はしばらく前に、ある不知の病に襲われている方々のところに招かれて、イスラームの話をする機会があった。その時話を聞いていた若い女性から、イスラームでは死を怖いとは思わないのですか、と質問された。答えは一つしかないので、「怖がる対象ではない」ということを説明した。それは何も患者さんを癒す意図からではなくて、教えの事実の説明のつもりであった。しかし著者の非力のせいもあってか、あまり納得してもらえなかったように感じた。同時にそれほどに、日本の現状からは距離のある見方だということも感じさせられた。

人間中心主義という近代社会の背負った性（サガ）もある。人間どころか自己中心主義が、戦後日本を風靡した。我の確立は大切だが、彼我両面のバランスこそ、その前提である。利己主義と利他主義の相克とも言える。そして最終的には、それらの人の曖昧さすべてを包摂し、超絶したところに宗教の教えがある、という一点に議論は帰着するのではないだろうか。

本書を通じてムスリムの精神世界の諸側面を展望し、見つめようとしてきた。またその活力の源にも一瞥を与えた。そしてイスラーム信仰は、人が生きて行くということと表裏一体の精神的な営みであり、不安と躊躇という迷誤の暗闇に一抹の明かりを灯す、安心大悟の道標であることは垣間見ることができたかと祈念する。

【註】

（49）Aid al-Qarni, *La Tahzan*, al-Riyad, Maktabat al-'Ubaikan. 2011. 28th print. 三七五頁。

（50）前掲書、ibn Miskawaihi, *Tahzib al-Akhlaq*, 二二〇―二二四頁。

付録　アッラーを知る方法

アッラーをしっかり認識することは、「覚知（マアリファ）」という格別の言葉で語られる。その方法として、思考に依拠する理性的なものと、感性に依拠する感覚的なものとに大別される。

ア．理性的な覚知法

理性的な方法として、著者が種々の文献からまとめると以下の五つが枚挙される。

①自然美の称賛

自然界の広大にして微妙繊細な調和と規律に、不可思議さや驚愕を覚えない人はいないだろう。クルアーンにも、人がアッラーを覚知するのに格別の苦労はなく、周囲に満ち溢れている自然界そのものが十分な証であると説いた箇所は多数ある。

確かに諸天と地には、信者たちへの種々の印があります。（ひざまづく一団章四五：三）

本当に諸天と地の創造の中には、また夜と昼の交代の中には、思慮ある人たちへの印があります（イムラーン家章三：一九〇）

次いで、少々長いが次の節を引用しておこう。

誰が諸天と地を創造したのか。また誰があなた方のために空から雨を降らすのか。それでもって、われらは喜ばしい果樹園を茂らせます。あなた方がその樹木を成長させるのではありません。…誰が大地を堅固な住みかとし、そこに川を設け、また山々をしっかり設け、二つの海（淡水、塩水）の間に障壁を設けたのですか。…誰が陸と海の暗黒（深層）の中で、あなた方を導くのですか。また、誰がかれの慈愛（雨）の前の吉報として、風を送るのですか。…誰が創造を始め、さらにそれを繰り返すのですか。また誰が諸天と地からあなた方に糧を与えるのですか。…（蟻章二七：六〇―六四）

しかし不可思議にして無限の自然界を目の当たりにしても、なお創造主の存在を信じることに反対する見解も出されてきた。その第一は前提として創造主はいなくて、そもそも何もないところから物事は生じたという発想である。しかしこれは無が有を生む、あるいは無が有の原因となると言っているのに等しく、それには無理があると反論される。

それともまたは、かれらは無から創られたのか。それともまたは、かれら自身が創造者なのか。それともまたは、かれらが諸天と地を創造したのか。いや、かれらには信仰がないのです。（山章五二：三五、三六）

次に第二の反論は創造主の働きではなく、自然界の全存在は偶然に出来上がったということである。偶然性がこの万有の存在原因であるというのである。宇宙全体の均衡と継続を生み出したのは、偶然であったとはどのような論拠を持ち出すのであろうか。偶然でなければ、それは有意な所業であるということになる。何らかの意思が働いていた結果であるということであり、その意思の主をアッラーと呼ぶということになる。

②天性（フィトラ）はアッラーの証

次の証は、自然界に溢れる宇宙的万物の均衡の取れた崇高にして高邁な存在を感じ取れる能力が人には与えられているということである。この感知するための潜在能力は、天性（フィトラ）と呼ばれている。天性の存在もアッラー存在の証と見られると同時に、この天性でもってアッラーの存在を覚知するに十分だというのである。

災厄が人を襲うとき、かれは横たわっていても、座っていても、立っていても、われらを呼びます。（ユーヌス章一〇：一二）

つまり格別教えられなくても、人は超越した存在であるアッラーを呼ぶというのである。

③人の生涯の不可思議さはアッラーの証

人の生涯には、様々なことが起こる。予期したもの、そうでないもの、好ましいもの、そうでないものなどなど、実にそれは万華鏡を覗くようだ。これらの諸経験の堆積がいかにも不可思議な糸で繋がれていることを落ち着いて素直に顧みる時、その人をしてアッラーの存在の真理に導くのである。人の生涯の道程をよく顧みる人は、アッラーの絶大な力と深謀配慮に納得させられることとなる。

④信者への導きはアッラーの証

次にアッラー存在の証となるのは、信者はそうでない人たちよりも、知識欲、礼儀作法、心の清純さ、善良さ、犠牲心、物事に対する熱心さ、人に対する奉仕や同胞心などの諸点で、優れた人柄と気性の人となるということがある。そこにアッラーの存在に気付かせられるのである。信者はその綱にすがって引かれて、そしてその結果、言動において不信者とあるいは不信であった当時の自分とは、明らかな違いを見せ始めるのである。

そのような信仰する人たちは、アッラーを唱念することで、心は安らぐのです。実際、アッラーを唱念することにこそ、かれらの心の安らぎがあるのです。（雷章一三：二八）

アッラーが胸をイスラームへと開いて従うようにし、主からの御光を受けた者がいます。だから、災いなるかな、アッラーを念じるのに心を固くする（啓示を拒む）者こそ、明らかに迷える者です。（集団章三九：二二）

どんな災厄も、アッラーのお許しなく起きることはありません。誰でもアッラーを信仰する人は、その心を導かれるのです。実にアッラーは、すべてのことに熟知していま

す。（互いに無視する章六四：一一）

⑤諸預言者への啓示はアッラーの証

選ばれた人たちである諸預言者たちは、アーダムの時代からムハンマドの時代に至るまで、一貫して人々にこの存在世界には称賛すべきアッラーがおられることを教え諭してきた。このように多数の民族にそれぞれの預言者が遣わせられてきたこと自体も驚くべきことで、それはアッラーの差配によっている。しかも彼らには、その預言者という名称が示すように、アッラーの言葉を預けられたのであった。

アッラーが、人間に（直接）語りかけられることはありません。啓示によるか、帳の陰からか、または使徒を遣わすかして、かれの許しの下で、かれはそのお望みを明かします（協議章四二：五一）

この節から、啓示には三種類あると解釈される。第一は、人の心にアッラーが投げかけられる覚醒や示唆の類である。これには聞こえる言葉はなくて、たとえば預言者イブラーヒームが、息子イスマーイールが犠牲に付される夢を見たようなものである。これが上の節の、

「啓示によるか、」というところに相当している。

第二は、見ることはないが、聞くことができるアッラーからの声である。この種のものは、預言者ムーサーが多く聞いている。上の節の、「帳の影から、」というところに相当する。

第三は、姿も見えて声も聞こえる天使を遣わされて伝えられる、アッラーの言葉であるが、天使ジブリールが預言者ムハンマドに伝え降ろした啓示がこれである。上の節の、「または使徒（天使）を遣わし、彼が命令を下して、そのお望みを明かす。」の部分に相当する。ヌーフ、イブラーヒーム、イスマーイール、イスハーク、ヤアコーブ、イーサー、アイユーブ、ユーヌス、ハールーン、スライマーン、ダーウードら、多くの預言者への啓示はすべてこれである。（女性章四：一六三参照）

以上の五つの覚知法が、理性を働かせることでアッラーの存在を認識し、確認する方法である。

イ．感覚的な覚知法

ついでは感覚的な覚知法である。それはアッラーの九九の美称といわれる称賛のための名称があるが、それらを唱念し心で玩味することでアッラーの偉大さや素晴らしさを感得するという手法である。もちろんここではそれらの美称を一つずつ、すべて詳述することは難しいが、その全体の概要を説明することにしたい[51]。

すべての美称は本質を臨むために設けられた小窓のようなものであり、意識を俊敏にしてアッラーの威光を眼前にしようとするときに、その前に視野が開かれることとなるのである。

クルアーンからいくつか引用する。


アッラーを呼びなさい。または慈愛深いお方を呼びなさい。なんとかれを呼んでも、最善の美称はすべてかれに属します。（夜の旅章一七：一一〇）

アッラー、かれの他に神はいません。かれにこそ最上の美称があるのです。（ター・ハー章二〇：八）

そこで（夜は）あなたの主の御名を唱え、かれに尽くすことに没頭しなさい。（衣をまとう者章七三：八）

九九の根拠は、真正なものとして伝えられる預言者伝承にある。

アッラーには、九九の名称があり、それらを記憶する者は天国に入ることとなる。この伝承自体は最も信頼度の高いアルブハーリー（没八七〇年）及びムスリム（没八七五年）らの伝承学者が、アブー・フライラから伝えている。[52] そして実際に九九の名称をすべて整えて提示したのは、中央アジアの伝承学者アルティルミズィー（没八九二年）が初めであった。[53] その美称は、内容的に主として八種類に分類される。[54] そのうち①〜⑥は、クルアーンに直接出てくる美称である。また筆頭最初に出てくる美称「アッラー」は、自分自らの本体を指し示しているのであり、それは他の例のように属性を示したものではない唯一の美称として別格扱いされ、従って左の分類には入っていない。

①本質関連：神聖者、真理者、永生者、自存者、唯一者、永遠者、始原者、最終者、富裕者
②創造：造形者、生成者、創造者、独創者
③慈愛：慈愛あまねき者、慈愛深き者、平安者、信仰を与える者、赦す者、恩寵者、糧を与える者、繊細者、優しき者、恕免者、感謝者、広大無限者、愛情者、美徳者、免ずる者、寛恕者、慈愛者
④荘厳：比類なき強者、制圧者、偉大者、征服者、無限大者、至高者、至大者、寛大者、

荘厳者、強力者、強固者、被称賛者、顕現者、超越者、尊厳と恩寵の主
⑤全知：保護者、全知者、全聴者、全視者、知悉者、監視者、英知者、目撃者、内奥者
⑥全能：主権者、開示者、裁定者、護持者、扶養者、決算者、代理者、援護者、全能者、統治者、権能者、優先者、復讐者
⑦クルアーンから派生（アッラーの行為や性質）：掌握者、拡張者、上げる者、称える者、辱める者、応答者、復活者、計算者、開始者、再生者、生を与える者、死を与える者、高貴者、大権主、集合者、供与者、禁止者、先導者、永続者、相続者
⑧クルアーンから派生（アッラーに関する意味・含蓄の言及）：下げる者、正義者、尊厳者、発見者、猶予者、公正者、加害者、裨益者、光者、善導者、忍耐者

ここで美称に関して、いくつか注意すべき事項がある。

まず九九の美称があるといっても、それらの名称は結局ある一つの存在を指しているものであり、別々にあるのではないということである。この美称全体としての単一性（タウヒード・アルアスマー・ワ・アルスィファート）ということは、アッラーに関する絶対神として（ウルーヒーヤ）の単一性、ついで信者にとっての主として（ルブービーヤ）の単一性と並ぶ、第三の単一性として位置づけられる。

次に留意するのは、美称はそれで打ち止め（タウキーフィー）であるという点である。つま

りそれ以上に増やすこともありえず、それ以下に減ずることもありえないということ。人にアッラーの名称を新たに考案するほどの力は与えられていないと観念する必要があるのである。

またあなたは、自分の知識のないことに従ってはいけません。実に聴覚と視覚と心、これらすべては（審判の日に）尋問されるのです。（夜の旅章一七：三六）

わたし（ムハンマド）の主が禁じたことは、…アッラーが何の権威も授けていないものを同位に配すること、そしてアッラーについて、（啓示に関する）知識もないのに、あなた方が口にすることです。（高壁章七：三三）

他方でアッラーを称賛する用語は本来、九九に限定されるわけではないことも留意しておきたい。実にアッラーが広大無限である以上、美称の数は無限であると解される。そのうち人に教えられた名称として、九九あるという理解である。ちなみにすでに引用した預言者伝承にあるように、九九という数字は無限を示唆させるために預言者ムハンマドによって言及されたのであった。

次の留意点は、美称を数える、覚える、記憶する、とは、その発音と意味を了解した上に、その美称でアッラーを呼びかけて祈願をするまでのプロセスを指しているという点である。ただ闇雲に美称そのものだけを羅列して、暗記することだけが勧奨されているのではない。

ついでは、歴史上、イスラームの学者によってこの九九の美称のまとめ方や、選び方が異なってきたということがある。並べ方をアルファベット順にして並べる方法もある。また預言者伝承に異なる文言がある場合、クルアーンではなくそれら伝承に根拠を置く美称に関しては、差異が生じてきたのであった。本書では、アルティルミズィーが提示した美称名をそのまま典拠としたが、それが原型であったという意味での説得力はあると言えよう。またそのように格付けをして、アラブの多くの文献で扱われている。なお美称を伴って祈願する時には、いくつかの美称をその人の考えにより組み合わせて言及する時、それも有効であり、アッラーはそれを好ましく見られるとされる。

次は、たとえクルアーンに出てくるアッラーの行為でも、美称とされていない様々な良くない行いで、勝手に命名して呼びかけるのは間違いである。つまりアッラーは（どんな悪人よりも巧みに）悪巧み、（不信者を）裏切り、（導くかどうかは自由裁量であり、時には）誤道の案内などをするとクルアーンに出てくる。いずれも試練の目的である。それらは美称には入っていないのである。

　なお大半の美称は、その呼称からして意味は判然としている。またそうあってこそ、アッラーを覚知するのを助けるための小窓の役目を果たすことになる。ただし幾つかは、かなり慎重に美称の意味するところを汲む必要もある。例えば、感謝者はアッラーにおいては、帰依する人を称えて報奨や恩寵を与えられることである。あるいは、美徳者はアッラーにおいては、帰依する人に十倍の報奨を与えて、赦しを乞う者を免じて赦されることを指している。このように人間についての場合とは異なる意義を与えられることもあり、そのような場合にはアッラーとしての意味合いを捉える必要がある。

　以上で美称全体に関する注意事項を述べたので、後は一つ一つを丁寧に吟味し、消化していくことが望まれる。また急ぐ心で読み進めるのは、得るところが少ない。二ないし三の美称は類似しているので、それらを一纏めに見るのも、比較できるので有益だろう。なお以上のようにすべての美称をそれぞれ丁寧に見ようという作業（それぞれの典拠、掘り下げた内容面での関連など）は、イスラームを語りアッラーを知る上に当然の準備作業なのだが、日本ではほとんど着手されていない。

【註】

（51）拙著『イスラーム信仰とアッラー』知泉書館、二〇一〇年。六五―一九五頁。

(52) 前掲書『ハディース』、上巻、七五二頁。前掲書『日訳サヒーフ　ムスリム』、第三巻、五九六頁。
(53) Sunna.com/Tirmidhi　三五〇七番。
(54) 前掲書、al-Sayyid Sabiq, *al-Aqaid al-Islamiyya.* 三〇、三一頁。

あとがき

イスラームに関しては、我が国でももう相当豊かに紹介されてきていると思われる。ところがまだいわばその真髄の中心部分については、ほとんど触れられないままになっているようだ。信仰心そのもののあり方であり、あるいはそれに基づくところの精神世界である。その視野は、一見無駄を削ぎ落した知識の集積である学的教科書的なものとは明らかに異なっている。信仰は心の働きである以上、それは羽を伸ばすように膨らみを持っており、そこに人は共鳴し、惹きつけられるのである。

本書の眼目はそこにある。イスラーム信仰の和やかさと安寧に満ちたその世界をなんとかして日本語で描写し、出版物という確定された形で広く世の中に伝えたいという願いが著者の気持ちを動かしてきた。本書によりいくばくかは、独自の世界を眺望していただければと願っている。もちろんそうすることは、人口のほとんどが非ムスリムである日本においても、イスラームの心根をもっと身近に理解することで、揺れ動く国際社会を知る大きな扉を開くことになると確信してのことである。さらに言えば、イスラームの心根を理解することは、生きがいと癒しの新たな源泉となり、それだけ豊かな日々が期待できるのではないか。

たとえばムスリムに大きな人生上の不安がないのは、すべての恐れはアッラーの裁きに集中されるからであり、死ぬことはこの世からあの世への移転に過ぎないと捉えるのである。また過度に悲しむのは、はしたないといった作法上の問題ではなく、良いこともあるのを忘れているという意味で、不信の芽生える種を撒いていることになるので、慎まなければならないとされる。人間は全貌を忘れたり、理解できなかったりするのである。悪いことが本当は自分の幸せの原因かもしれないし、あるいはその逆かもしれない。そこでともかくも、忍耐強くすることは篤信の一端である、ということになる。これらのすべては、内在的に連関し連動しているのが、信仰心であるということになる。

なお精神世界と言えばその全貌としては、本書の内容に加えてさらに天上の事柄も入ってきておかしくない。死後の世界であり、復活から最後の審判、そして天国・地獄に関連する側面である。さらには地上の事柄であっても、家庭生活や社会での生活上の精神的な側面がある。これらの全体は分量的に膨大なものとなる。本書では地上の事柄のうち、生き抜いて行く上で個々人が直面し、克服しなければならない諸課題を取り上げた。誰にとっても、日々直面することが迫られている領域である。

なお本書は二〇一三年に、日本サウディアラビア協会より出されていたがその在庫も払底したというので、今般所要の改変を加えつつ再出版するものである。宗教信仰という主題からして当然かもしれないが、初出より一〇年以上経過した現在も、基本的な修正加筆は必要なかった。ただしいくつかの論点を再整理し、コラム欄や付録の入れ替えも行った。また頻出するクルアーンの引用文については、拙訳『クルアーン―やさしい和訳　第八版』の公刊に伴い、同書の訳文に改めた。またそれと共に、種々熟慮の結果、「慈悲」という用語を廃して、すべて「慈愛」に改めた。この度の再出版に当たって、版元である日本サウディアラビア協会の快諾を得たことに、謝意を記したい。

二〇二四年夏

水谷　周

参考文献

一．クルアーン和訳・注釈書（いずれも労作。区別のため気付きの諸点を付記）

『クルアーン簡潔注釈』日本ムスリム協会訳、国書刊行会、二〇二三年。一般向け。

『クルアーン―やさしい和訳』水谷周監訳著、杉村恭一郎訳補完、二〇一九年初版。二〇二四年、第八版。信仰の書という視点から、通読しやすい日本語に訳されている。

『コーラン』井筒俊彦訳、岩波文庫、一九五七―五八年。全三巻。アラビア半島の史的背景やクルアーン成立史の解説が詳しい。訳文はベランメイ調。

『タフスィール・アル＝ジャラーライン（ジャラーラインによるクルアーン注釈）』中田香織訳、日本サウディアラビア協会、二〇〇二～〇六年。全三巻。専門家向け。

『日亜対訳　クルアーン』中田香織、下村佳州紀共訳、作品社、二〇一四年。上記の『タフスィール・アル＝ジャラーライン』を改編したもの。原語に忠実だが日本語としての通読は困難。

『日亜対訳注解　聖クルアーン』佐藤裕一訳、ファハド国王クルアーン印刷局、リヤド、二〇一九年。脚注は細かい。訳文はおしなべて硬い。

『日亜対訳注解　聖クルアーン』日本ムスリム協会訳、一九七二年第一版以来、二〇一六年第一六版に至る。底本は英語版。長年にわたり部分改訂を重ねてきたため、訳語や表現に不揃いな箇所が目立つ。

『日本語読解　クルアーン』トルコ宗務庁訳、アンカラ、二〇二二年。底本は英語版。(東京ジャーミィ扱い)

二. クルアーン関係図書

井筒俊彦『クルアーンを読む』岩波書店(岩波現代文庫)、二〇一三年。

大川玲子『クルアーン　神の声を誰が聞くのか』慶応義塾大学出版会、二〇一八年。

小杉康『クルアーン　語りかけるイスラーム』岩波書店、二〇〇九年。

『クルアーン入門』松山洋平編、作品社、二〇一八年。専門的論文集。

『日本のイスラームとクルアーン　現状と展望』日本のイスラームとクルアーン編集委員会、晃洋書房。二〇一九年。『クルアーン　やさしい和訳』を巡る講演集。

水谷周「サキーナ(静穏)について」、同『イスラーム信仰とその基礎概念』晃洋書房二〇一五年、所収、七九―一一二頁。

同上「イスラームにおける「聖」の概念」、同『イスラーム信仰概論』明石書店、二〇一六年、所収、一七九―一九七頁。元来イスラームには聖概念は存在しないことを論証。

Abd al-Baqi, Muhammad Fuad, *al-Mujam al-Mufarras li Alfaz al-Quran al-Karim*, al-Qahira, Dar al-Hadith, 1999.『クルアーン単語総集』、クルアーンに使用されたすべての単語とその活用形をアルファベット順に並べ、単語別の意味は記載されてないが、各使用単語別の例文をすべて掲載した辞書で、クルアーン学習に不可欠の書。

Abdul Haleem, Muhannmad, *Understanding the Quran, Themes and Style*, I.B.Tauris, London, 2011. 一般向けの英語によるクルアーン入門書。

Al-Quran, Endowment from the King Abdullah, al-Madina, 2005. サウジアラビア公認の普及版。

Badawi, Elsaid M. & M. A. S. Abdel Haleem, *Arabic-English Dictionary of Quranic Usage*, Leiden & Boston, Brill, 2008.　最新のクルアーン英語辞典。各単語の使用回数も記載されている。

Enclyopaedia of the Quran, Volumes 1-5 plus Index Volume, ed. by Jane Dammen McAuliffe, Brill, Leiden, 2005. クルアーン学の水準を示す指導的な英語百科事典。

The Quran, tr. by M. A. S. Abdel Haleem, Oxford Worlds Classics, Oxford University Press, 2004. 現在最良の英語訳、ペーパ・バック版でアラビア語文はない（別途同一内容で金張りの豪華本も出されており、それはアラビア語文付き）。

三、預言者伝承関係図書

『イスラームの預言者物語』ムハンマド・ハサン・アルジール選著、水谷周編訳、サラマ・サルワ訳、「イスラーム信仰叢書」、国書刊行会、二〇一〇年、第三巻。多様な預言者関係参考図書目録も掲載されている。
日本ムスリム協会訳『日訳サヒーフ　ムスリム』、一九八七―八九年、全三巻。
牧野信也訳『ハディース（アルブハーリー伝）』、中央公論社、一九九三―四年、全三巻。
Abd al-Baqi, Muhammad Fuad, *al-Lulu wa al-Marjan*, al-Qahira, Dar al-Hadith, 2005.『真珠と珊瑚（二真正伝承集）』、アルブハーリーとムスリムの両者が一致している預言者伝承だけを編集した一書で、従来様々な版が出されている。和訳はまだない。
Al-Nawawi, Yahya bin Sharaf, *Riyad al-Salihin*, al-Qahira, Maktabat al-Safaa, 2004. 項目別に多数の伝承を整理した実用目的の古典書。多数の版元から校訂本が出されている。
Al-Sabbagh, Muhammad bin Lutfi, *Al-Hadith al-Nabawi*, Beirut, Al-Maktab al-Islami, 2003. 8th ed. ハディース学の標準的な教科書。

四、イスラーム信仰解説図書（日本語は限られているが、アラビア語は無数）

アルガザーリー、アブー・ハーミド『導きのはじめ』前野直樹訳、日本サウディアラビア協会、二〇二一年。
サクル、アティーヤ『イスラームへの導き―簡略な解説』カイロ、アズハル翻訳・研究センター訳、二〇二四年。権威あるアズハル版のイスラーム入門書で、法学や神学の前に信仰学を置くことなど、さすが全体のバランスも良い。
トルコ宗務庁『私の信仰―イスラームの基礎知識』二〇一七年。（東京ジャーミィ扱い）
同上『私の崇拝行為―イスラームの基礎知識』二〇一八年。（東京ジャーミィ扱い）
同上『私の道徳―イスラームの基礎知識』二〇一八年。（東京ジャーミィ扱い）
同上『私の預言者―イスラームの基礎知識』二〇一八年。（東京ジャーミィ扱い）
バーハムマーム、ファハド・サーリム『イスラームを知ろう』、日本ムスリム協会訳、二〇二一年。サウジ版のイスラーム入門書。
日本ムスリム協会編『入信記』二〇〇七年。若手中心だが、内容的に希少価値がある。
（以下は著者自身の作品。多数に渉り顰蹙を買いそうだが、いずれも信仰の内実を探る目的）
水谷周『イスラーム信仰概論』明石書店、二〇一六年。表題の通り、イスラーム信仰の全貌を概説。
同上『イスラーム信仰とアッラー』知泉書館、二〇一〇年。アッラーの美称全体を詳細に記述した、日本語では唯一の研究書。

同上『イスラーム信仰とその基礎概念』晃洋書房、二〇一五年。「静穏」、「単一性」、「魂」のことなど。

同上『イスラームの善と悪』平凡社新書、二〇一二年。イスラームの倫理道徳概論。

同上『イスラーム用語の新研究』国書刊行会、二〇二一年。「アッラー」、「聖概念のないこと」、「慈愛」など、クルアーン用語も取り上げて、精緻な検討を重ねている。

同上『黄金期イスラームの徒然草』国書刊行会、二〇一九年。一二世紀、イラクのイスラーム学者であるアルジャウズィーの『随想の渉猟』から、信仰を巡る論考を摘訳。

同上『現代イスラームの徒然草』国書刊行会、二〇二〇年。二〇世紀、エジプトのイスラーム学者であるアフマド・アミーンの『溢れる随想』から、信仰を巡る論考を摘訳。

同上『宗教と科学のせめぎ合い―信と知の再構築』国書刊行会、二〇二三年。宗教信仰と科学はそれぞれ再構築が迫られているが、その方策を提唱。

同上『信仰の滴』国書刊行会、二〇二二年。信仰を巡る著者の随筆集。

同上『信仰は訴える』国書刊行会、二〇二三年。戦後日本の無宗教ぶりを憂い、その宗教アレルギー克服を訴える。

同上『絶対主の覚知と誓約―イスラームのこころと日本』国書刊行会、二〇二一年。宗教信仰復興叢書第五巻。

同上、鎌田東二共著『祈りは人の半分』国書刊行会、二〇二一年。人は自然に祈りを上げているが、それをもっと意識の中心に置くことを提唱。

同上編著『イスラームにおける直観の研究』森伸生、前野直樹共著、国書刊行会、二〇二四年。不分明で曖昧な世界である宗教直観を正面から取り上げている。スンナ派の立場からの研究である。

同上総編集著「イスラーム信仰叢書」、国書刊行会、二〇一〇―一二年、全一〇巻。（各巻は巡礼論、天国論、預言者物語、カアバ殿史、マスジド論、日本人とイスラーム、女性論、イスラーム以前の諸宗教、現代思想、現代社会論を含む）

同上訳『アフマド・アミーン自伝』、アフマド・アミーン著、第三書館、一九九〇年。

Amin, Ahmad, *Fayd al-Khatir*, al-Qahira; Dar al-Nahda, 10 vols., 1938-1956.『溢れる随想』、宗教、文学、言語、政治、文明にわたる全一〇巻、約三八〇篇に上る膨大な論考集。

Daud, Abd al-Bari Muhammad, *al-Haya al-Ruhiyya fi al-Aqida al-Islamiyya wa al-Aqaid al-Ukhra*, Iskandariyya, Sharikat al-Jalal, 2009.『イスラームと他の教義における霊的生活』、預言者、教友、従者たちの精神生活を第一部で描く。第二部で宇宙と人の魂の関係について、潤沢な議論を展開する。

Haykal, Muhammad Husayn, *Fi Manzil al-Wahy*, al-Qahira, Dar al-Maarif, 1936.『啓示の降りた場所で』、情熱あふれる大部の巡礼記で、出版当時のエジプト社会にイスラーム傾斜をもたらす発端となったとされる。

Hilmi, Muhammad Mustafa, *al-Haya al-Ruhiyya fi al-Islam*, Beirut/al-Qahira, Dar al-Kutub al-Lubnani/Dar al-Kutub al-Masri, 2011.『イスラームにおける霊的生活』の原著は一九四五年出版だが絶版となったので、本書が復刻版として出された。イスラームの精神生活の原像とその後の神秘主義の影響などを扱っている。

ibn Miskawaihi, *Tahzib al-Akhlaq*, ed. by Muhammad Salman, al-Qahira, Dar Tayyba lil-Nashr wa al-Tawzi, 2010.『道徳の修練』、イスラーム倫理学の古典として知られる。

ibn Qayyim al-Jawziyya, *al-Ruh*, Amman, Dar al-Bait al-Atiq al-Islami, 2006.『霊魂論』、イブン・タイミーヤの弟子による著作。

ibn Taymiyya, *Kitab al-Iman*, al-Riyad: al-Maktab al-Islami, H. 1381.『信仰の書』、諸神学派との論争に多くの紙数を割いている。目次邦語訳は拙著『イスラーム信仰とアッラー』二二九―二三四頁に掲載。

al-Maidani, Abd al-Rahman Hasan Habnaka, *Al-Akhlaq al-Islamiyya wa Usulha*, Dimashq, Beirut: Dar al-Qalam, 1979. 2 vols.『イスラームの倫理とその基礎』、現代のイスラーム倫理道徳の本格

的な研究書。
al-Qaradawi, Yusuf, *al-Iman wa al-Haya*, Beirut: Muassa al-Risala, 1991.『信仰と人生』、著者は元アズハル大学教授、ムスリム同胞団との関係を巡り、当時の政権と反目を生じ、カタルへ移住。評判の指導者であり、アルジャジーラ・テレビでも説教番組を持っていた。
al-Qarni, Aaid , *La Tahzan*, al-Riyad, Maktabat al-Ubaikan. 2011. 28th print.『悲しむなかれ』はその後も増版を重ねている。読者本位の編集によりミリオン・セラーとなる。様々な教え、助言、逸話などを総合的に収集、編集した内容。和訳の出版計画もある。
Sabiq, al-Sayyid, *al-Aqaid al-Islamiya*, Beirut: Dar-al-Fikr, 1978.『イスラームの信仰箇条』、サウジアラビアにおけるイスラーム神学の教科書的概説。

本書の刊行に当たっては、一般社団法人日本宗教信仰復興会議からの出版助成を得ました。

著者　水谷 周（ミズタニ マコト）
京大文卒、博士（イスラーム思想史、ユタ大学）、（社）日本宗教信仰復興会議代表理事、日本ムスリム協会理事、国際宗教研究所顧問など。日本における宗教的覚醒とイスラームの深みと広さの啓発に努める。イスラーム信仰関係の著作は、本書参考文献に記載。それ以外として：『現代アラブ混迷史：ねじれの構造を読む』平凡社、2013年。「アラブ・イスラーム世界から見た日本の集団安全保障政策」宮田律ほか著、『集団的自衛権とイスラム・テロの報復』、青灯社、2015年。*Liberalism in 20th Century Egyptian Thought: The Ideologies of Ahmad Amin and Husayn Amin,* London, I.B. Tauris, 2014.（同書アラビア語版*Al-Liberaliyya fi al-Qarn al-'Ishriin - Namaadhij Fikriyya Misriyya, Ahmad Amin wa Husayn Amin,* Cairo, Majmu'at al-Niil al-'Arabiyya lil-Nashr wal-Tauzii', 2016.）以下は国書刊行会出版；『アラブ人の世界観：激変する中東を読み解く』、2017年。『アラビア語の歴史』、2010年。『アラビア語翻訳講座』、全３巻、2010年。編著『アラブ民衆革命を考える』、2011年、など。

装　丁：真志田桐子
カバー画像：Shutterstock

イスラームの精神世界《せいしんせかい》——生《い》きがいと癒《いや》し

2024年11月5日　第１版第１刷発行

著　者　水谷　周
発行者　佐藤丈夫

〒174-0056 東京都板橋区志村1-13-15
発行所　株式会社　国書刊行会
TEL.03(5970)7421(代表)　FAX.03(5970)7427
https://www.kokusho.co.jp

ISBN978-4-336-07687-8

印刷・モリモト印刷株式会社／製本・株式会社ブックアート
定価はカバーに表示されています。
落丁本・乱丁本はお取替いたします。